Trotzdem hoffen

Ekkehard Schuster / Reinhold Boschert-Kimmig

Trotzdem hoffen

Mit Johann Baptist Metz und Elie Wiesel im Gespräch

Matthias-Grünewald-Verlag • Mainz

Unseren Lehrern
Johann Baptist Metz
und
Elie Wiesel
zum Dank

Die Deutsche Bibliothek – CIP-Einheitsaufnahme

Trotzdem hoffen : mit Johann Baptist Metz und Elie Wiesel im Gespräch / Ekkehard Schuster ; Reinhold Boschert-Kimmig. – Mainz : Matthias-Grünewald-Verl., 1993
ISBN 3-7867-1718-4
NE: Schuster, Ekkehard

Umschlag: Thomas und Thomas, Heidesheim
Satz: Textservice Zink, Heiligkreuzsteinach
Druck und Bindung: Echter Würzburg

ISBN 3-7867-1718-4

Inhalt

Zu diesem Buch

Zwei Menschen, zwei Orte, fast ein gemeinsames Geburtsdatum. Ihrer Herkunft nach haben sie kaum etwas gemeinsam. Erst eine historische Katastrophe, in welcher einer auf der Seite der Opfer steht, der andere im Land der Täter aufwächst, wird sie später dazu veranlassen, ihre jeweilige Überlieferung neu zu bedenken. Johann Baptist Metz, Christ, Katholik, durfte eine behütete deutsche Kindheit erleben, bevor er im letzten Kriegsjahr noch als Kind auf die Schlachtfelder geschickt wird. Auch Elie Wiesel, Jude und Chassid, wird als Kind von den Deutschen verschickt – in das »Reich der Nacht«, in dem der Tod regiert: Auschwitz.
Es braucht Jahre und Jahrzehnte, ehe der eine jenes Grauens inne wird und es als Beunruhigung seiner Frage nach Gott und seiner Frage nach dem Menschen ergreift, und ehe der andere eine literarische und religiöse Sprache findet, um davon zu erzählen. Den christlichen Theologen und den jüdischen Schriftsteller verbindet ihre Leidenschaft für die Erinnerung. Diese Erinnerung ist gefährlich, trägt aber auch den Kern der Rettung in sich. Das Gedenken der menschlichen Leiden, der Opfer der Geschichte und das Leiden an Gott verbindet beide Biographien und beide Werke. Beide setzen nicht auf Trost. Darin liegt ihr Wert. Hoffnung findet sich nur in einem trotzigen Dennoch. Denn, so der eine, wahrer Glaube beginnt mitten in der Verzweiflung, und, so der andere, der Mensch erkennt sich nicht in dem, was ihn beruhigt, sondern in dem, was ihn beunruhigt.

Ekkehard Schuster *Reinhold Boschert-Kimmig*
Jom ha Schoah, 18. April 1993

Johann Baptist Metz

Biographische Notizen

Geburtsdatum: 5. August 1928, Geburtsort: die oberpfälzische Kleinstadt Auerbach – allein schon diese banal anmutenden Angaben zur Person sind ganz nahe am Kern des theologischen Lebens von Johann Baptist Metz, an seinem Wahrnehmen und Denken, an seinem Bekennen, Streiten und Provozieren.

Auerbach steht für »erzkatholisches« Milieu und eine kaum gebrochene Religiosität, eine Heimat, die die Spuren der Moderne nur zögerlich erkennen läßt. Oder, ein Wort von Metz über Auerbach aufgreifend: man kommt von weit her, wenn man von dort kommt, gar fast von den Rändern des Mittelalters. Dies mutet anekdotisch an, ist aber von systematischer Bedeutung und berührt die Theologie, wie sie bis weit nach dem Zweiten Weltkrieg bestimmend blieb, im Innersten.

Johann Baptist Metz geht es darum, Zeiten und Orte, an denen gelebt, geglaubt und manchmal auch Theologie betrieben wird, ernstzunehmen. Wie sonst könnte die Rede von Gott nahe an dem sein, wie Menschen leben, zweifeln und hoffen? Der Gegensatz von Tradition und Moderne zieht sich durch Metz' Leben: Auerbach und die Studienorte Innsbruck und München, Metz' Ferienpfarrei Litzeldorf und dreißig Jahre fundamentaltheologischer Lehrstuhl in Münster. Immer wieder ist es das prekäre Verhältnis von Tradition und Moderne, das bei Johann Baptist Metz unter neuen Perspektiven zur Sprache kommt, wie etwa in der überraschenden These, der Katholizismus sei eine Landreligion und der Protestantismus eine Stadtreligion, oder in seiner Verteidigung der Geschich-

ten kleiner Leute gegenüber der Sprache der vermeintlichen theologischen Experten.
Als 1928 Geborener erlebt Metz Kindheit und Jugend zur Zeit des Dritten Reiches. Kurz vor Kriegsende wird der Sechzehnjährige zum letzten Aufgebot einberufen. Dort ereignet sich das, was Metz den »ersten Riß in meiner Biographie« nennt: Während er einen Botendienst zu erledigen hat, kommen bei einem Angriff all seine Kameraden, sechzehnjährig wie er, ums Leben. Bei seiner Rückkehr findet er sie tot, kann ihnen nur noch ins erloschene Antlitz sehen. Ein wortloser Schrei war es, der ihm übrig blieb – hier trat, so Metz, erstmals etwas Unversöhntes in sein Leben.
Der zweite Riß, unauslöschlich, unversöhnbar, trägt den Namen Auschwitz. Der millionenfache Mord und das nicht erlöschende Erschrecken darüber wird für Metz zum Zentrum seines Denkens. So bleibt ihm keine andere Wahl, als die ihm bisher vertrauten Gedanken und Wege der Theologie zutiefst in Frage zu stellen. Weshalb nahm die Theologie Auschwitz nicht wahr? Wie geht sie mit Auschwitz um? Zeigt sie sich zu abgeklärt? Weiß sie womöglich zu gut darüber Bescheid, ohne sich der Tragweite der Fragen wirklich ausgesetzt zu haben? Später lautet die Frage vor allem: Was bedeutet es, daß das Christentum seine Herkunft im Glauben des Volkes Israel hat? Welche Folgen für das Christentum haben 1900 Jahre weitgehend antijudaistischer Theologie?
Als Meister der Sprache weiß Johann Baptist Metz, daß Worte nicht nur bezeichnen, sondern auch verbergen. Mit Fragen durchstößt er die Wortgeflechte: Folgen wir nach oder glauben wir nur an die Nachfolge? Lieben wir oder glauben wir nur an die Liebe? So prophetisch und eifernd Metz spricht, so fremd und eigen seine Sprache in Auseinandersetzung mit Philosophie und Theologie sein kann, so einfach, tief und spirituell ist seine Sprache, wenn sie sich dem Gebrochenen, dem Unbegreiflichen, dem Leiden nähert.
Diejenigen, die keinen intakten Kinderglauben bewahren durften, diejenigen, aus deren Leben Unversöhntheit nicht

wegzudenken ist und die es nicht aufgeben, ihre Fragen an Gott zu richten, sind es, denen sich Johann Baptist Metz am meisten verbunden fühlt. Und daß dort, nicht in der gelehrten Theologie, sondern in der manchmal fast stummen Sprache der Bedrängten und Leidenden, das theologisch Entscheidende gesagt wird, verbindet ihn aufs engste mit seinem Lehrer Karl Rahner und dessen »geradezu proletarischer Abneigung gegen alles Elitäre und Esoterische« (Metz).
Eine Religion, die nicht einfach Antworten anböte, sondern den ungefragten Fragen zu Wort verhilft – wäre das nicht eine Religion, die Menschen wirklich ernst nähme? Johann Baptist Metz trägt dazu bei.

E.S.

Kirche heute – zwischen Resignation und Hoffnung

Herr Professor Metz, daß es um die Kirche heute nicht zum besten steht, damit hat man sich auch als Mensch, dem das Schicksal des christlichen Glaubens und der Kirche nicht gleichgültig ist, schon fast abgefunden. Haben Sie heute, nachdem es nach der winterlichen Zeit der Kirche, von der Karl Rahner sprach, noch nicht recht zu tauen angefangen hat, noch Kirchenvisionen, Kirchenträume?

JBM: Ich habe mir die großen Kirchenträume abgewöhnt. Mich beunruhigt inzwischen weit mehr das, was ich die verbreitete Gotteskrise, die Hoffnungskrise nennen könnte. Davon werden wir ja wohl noch zu reden haben. Was aber die Kirche angeht: Ich brauche sie, nicht weil Papst und Bischöfe das so wollen, sondern weil ohne die Kirche eine jahrtausendealte Hoffnung sich schon vergessen hätte, eine Hoffnung überdies, die so groß ist und so unwahrscheinlich, daß keiner sie für sich allein hoffen kann. Das ist kein Persilschein für die kirchliche Administration. Das ist kein Kritikverbot, keineswegs. Hier wird die Kirche, hier werden die Ämter in der Kirche und freilich auch das Kirchenvolk selbst unter ein entscheidendes Kriterium gestellt. Ich könnte es so formulieren: Ist unsere Kirche so, daß man ihr diese Hoffnung ansieht und anhört, und ermöglicht sie jenes Miteinander und Füreinander, ohne das diese Hoffnung nicht gehofft werden kann? Dafür müssen alle geradestehen und sich auch, gelegen oder ungelegen, Räume dieser Hoffnung in der Kirche erstreiten. Freilich, und das ist die große Gefahr, bei uns bricht das Volk immer mehr weg. Das gilt übrigens auch für andere, eher »liberalere« Christentümer, von denen manche katholische Kirchenkritiker so gern träumen.

Das klingt ungewöhnlich im Vergleich mit der Kirchenkritik, die durch die Medien geht, zumal von einem Theologen, mit dessen Namen man weithin eine deutlich kritische Haltung verbindet.

JBM: Ich glaube nicht, daß man die Schwerpunkte der Kirchenkritik, die die Medien setzen, zum Zentrum der theologischen Kritik machen kann. Ich will Ihnen ein jüngstes Beispiel nennen. Von einem nahezu einstündigen Interview blieb schließlich nichts übrig als meine keineswegs originelle Kritik am römischen Zentralismus und mein seit etwa 15 Jahren wiederholter Hinweis, daß eigentlich die kirchlichen Ordensgemeinschaften das Charisma der Ehelosigkeit für sich einklagen müßten, daß also sie eigentlich die berufenen Kritiker des sogenannten Pflichtzölibats wären, weil es sich dabei um ein radikales eschatologisches Zeichen handelt. Der gesamte Kontext meiner Kritik war verschwunden. Darin ging es um etwas, was ich Ihnen auch hier sagen möchte. Gewiß gibt es heute so etwas wie eine verbreitete Kirchenkrise und Kirchenmüdigkeit. Doch trotz aller Bedeutung scheint mir diese Krise sekundär zu sein. Tieferliegend geht es heute m.E. um eine Art »Gotteskrise«. Vielleicht könnte ich auch sagen um eine Art Gottesmüdigkeit. Freilich, diese Gotteskrise ist gar nicht so leicht auszumachen, weil sie sich ihrerseits nicht selten mit einem religiösen Anspruch verbindet: Gotteskrise sozusagen in einer religionsfreudigen Zeit. Wenn man die Kirchenkrise früherer Jahrzehnte vielleicht mit dem Schlagwort kennzeichnen konnte »Jesus, ja – Kirche, nein«, so gilt inzwischen eher (und m.E. umso schwerer faßlich): »Religion, ja – Gott, nein«. Gewiß, wenn ich recht habe, dann ist diese Krise radikal und sie verlangt auch entsprechende elementare Besinnungen. Die zielen natürlich auch auf neue kirchliche Lebensformen. Die können sich freilich nicht an alten klerikalen oder neuen fundamentalistischen Kirchenträumen orientieren. Unerläßlich ist in jedem Fall der aufrechte Gang, um freiwillig knien und beten zu können. Und um dann jene Freiheit zu spüren, die aus den Gebeten stammen kann. Über diese Gebetssprache müssen wir uns wohl noch später unterhalten. Sie kann jedenfalls nicht einfach vorgesprochen werden. Die Alphabetisierung in dieser Sprache hätten wir nicht nur den Dritte-Welt-Ländern zu empfehlen, die tut uns selbst bitter not. Sie fordert, wenn ich recht sehe, eine basisgemeindliche Verständigung über unseren Glauben und unsere Gottesrede. Irgendwann, in nicht allzu ferner Zeit, werden die großflächigen Kirchenstrukturen hierzulande brechen, wird das konkordatsgestützte Kirchenleben aufhören, wird Diasporaluft wehen. Dann werden die Kirchenbilder der Politischen Theologie erneut wichtig werden …

Ist das für Sie eine besondere Erfahrung der letzten zehn Jahre? Wenn Sie daran zurückdenken, wie Sie 1980 auf dem Katholikentag in Berlin gemeinsam mit Hans Küng über die Basiskirche diskutierten: Damals war Aufbruchstimmung. Aus heutiger Sicht empfindet man das ein wenig als Revolutionsromantik.

JBM: Ja, so etwas wie eine »Revolution von innen« wollte diese Vision von der basisgemeindlichen Kirche, im Unterschied zur Volkskirche und zur bürgerlichen Servicekirche, schon anzielen. Daraus ist bislang kaum etwas geworden. Bei meinen Überlegungen von 1980, auf die Sie anspielen, habe ich wohl für das kirchliche Leben hierzulande den Mund zu voll genommen. Erst langsam habe ich gelernt, daß wohl zum basiskirchlichen Leben etwas gehört, was bei uns, anders als in den armen Ländern, als in den armen Kirchen dieser Erde, normalerweise nicht gegeben ist: daß nämlich eine soziale, eine kulturelle Erarbeitung von Identität mit dem Erkämpfen einer gläubigen, religiösen Identität Hand in Hand geht. Wir hierzulande sind ja alle schon bürgerlich sozialisiert, so daß dann das Christentum leicht und schnell nur als eine eher privatistisch-beliebige Zutat empfunden wird, auf die man vermeintlich ganz gut verzichten kann, wenn etwa der Geldbeutel drückt, ohne daß sich allzuviel verändern würde.

Bei meinen Begegnungen in Lateinamerika kam mir übrigens jene basisgemeindliche Arbeit meiner Freunde und Kollegen am eindrucksvollsten und auch am meisten wegweisend vor, die sozusagen »ganz unten« ansetzte, dort, wo jede Rhetorik, jede bloß ästhetische Radikalisierung der Botschaft versagt, dort, wo einem die fromme Metaphysik im Hals stecken bleibt, wo einem das sprachlose Elend die Sprache verbietet und wo nur das Dabeisein zählt.

Wie sehen Sie da die Versuche, gerade in der Pastoraltheologie, aus den Erfahrungen der lateinamerikanischen Basiskirche zu lernen, ohne diese dabei einfach kopieren zu wollen? Auch unter dem Stichwort »Neuevangelisierung« wird ja aktuell versucht, in gewisser Weise auch eine Brücke über den Atlantik zu schlagen.

JBM: »Neuevangelisierung« ist ein großes, vielleicht allzu großes Wort. Jedenfalls muß bedacht werden, daß die Kirche heute nicht nur überall in der Welt gegenwärtig ist, also reale Weltkirche geworden ist, sondern daß sie auch überall und nicht zuletzt bei uns in Europa immer mehr in eine Diasporasituation gerät. Schon oft habe ich formuliert, daß die Kirche heute, angestoßen durch das jüngste Konzil, auf dem Weg ist, sich zu einer kulturell polyzentrischen Weltkirche zu entwickeln. Diese Weltkirche in ihrer kulturellen Vielfalt enthält natürlich ein Lernangebot an die jeweils anderen Regionalkirchen. Aber in gewisser Weise enthält sie auch so etwas wie ein Übertragungsverbot. Wenn man nämlich die historische und soziale Besonderheit der Teilkirchen ernstnehmen und ihre kulturelle Würde achten will, dann muß man schließlich auch innerhalb der einen Weltkirche eine neue Kultur entwickeln. Ich nenne sie eine neue hermeneutische Kultur, eine Kultur der Empfindlichkeit und der Anerkennung gegenüber den Besonderheiten der einzelnen Teilkirchen. Ich weiß nicht, ob da der neue Weltkatechismus besonders hilfreich ist. Ich habe da meine Zweifel. Diese beziehen sich nicht darauf, daß in

diesem Katechismus an die volle Glaubensgestalt erinnert werden soll (und ich halte es für ziemlich töricht, wenn sich jemand für kritisch hält, der diesem Katechismus vorwirft, daß er immer noch – wie schließlich auch das christliche Credo – vom Jüngsten Gericht spricht). Meine Bedenken beziehen sich darauf, daß dieser Weltkatechismus wie der Versuch wirkt, den gewiß angstbesetzten Übergang von einer allzu kulturell monozentrischen, eurozentrischen Kirche zu einer kulturell polyzentrischen Weltkirche möglichst schnell wieder zu kanalisieren und die neuen, schwer überschaubaren Erfahrungsräume des Glaubens sprachlich zu disziplinieren.
Ja, um auf Ihre Frage zurückzukommen: Wir können uns hierzulande die pastoraltheologische Phantasie für die Umgestaltung unserer flächendeckenden Volkskirche zu einer Art Diasporakirche nicht aus anderen Kontinenten borgen – auch wenn hier nach meiner Meinung viele der Elemente, die wir unter dem Stichwort einer basisgemeindlich orientierten Kirche in den letzten Jahren diskutiert haben, maßgeblich bleiben und keineswegs vergessen werden dürfen. Wie lernen wir, stärker »kommunitaristisch« zu denken, wenn ich das einmal so nennen darf (ohne mich ausdrücklich auf die einschlägigen Diskussionen in den USA zu beziehen)? Wie lernen wir, eine neue Idee von Solidarität im kirchlich-gesellschaftlichen Leben zu entfalten, gegen die herrschenden Tendenzen zur Individualisierung und Biographisierung der Lebensverhältnisse, gegen die versiegten politischen Visionen und die erschöpften Kirchenvisionen? Was bedeutet es für diese neue Idee des Zusammenlebens, daß die kirchlichen Gemeinschaften immer communities of memory sind? Initiativen zur Gestaltung eines neuen kirchlichen Lebens in der Diaspora wird es nur geben, wenn sie »vor Ort« entstehen, wenn sie also nicht einfach verordnet werden; wenn die Phantasie der Frauen für die Gemeindegestaltung endlich Rang und Raum gewinnt usw.

Theologische Unterbrechungen

Sie haben Ihre Theologie einmal damit gekennzeichnet, sie sei »unterwegs zu einer nachidealistischen Theologie«. Wo sind Sie heute unterwegs? Auf welchen Spuren?

JBM: Es ist immer noch dieser Weg, es sind immer noch diese Spuren. »Nachidealistisch« heißt dabei: Es ist der Theologie weder vergönnt noch zugemutet, in geschlossenen, situationsfreien Systemen ihre Welterklärungen und Daseinsinterpretationen vorzutragen. Sie kennt eigentlich keine Letztbegründungen, sondern eigentlich nur, wenn Sie mir dieses Wortspiel gestatten, sogenannte Zuletztbegründungen. Unabweisbar ist der Zeitfaktor im Spiel, ihre Botschaft hat einen Zeitkern. Ihre Logik ist nicht eigentlich eine Logik der Identität, sondern der Nicht-Identität. Das macht sie verletzbarer als die klassische Metaphysik, als jedes ideengeleitete Denken. Sie fußt auf vergleichsweise »schwachen« Kategorien wie Erinnern und Erzählen. Oder anders ausgedrückt und etwas akademischer formuliert: Die Logik der Theologie hat eine anamnetische Grundverfassung. Und »praktisch« ist sie, weil sie auf das aus dem Verhalten gewonnene Wissen nicht verzichten kann, um sich ihre Begriffe zu bilden. Ich weiß, das klingt alles noch reichlich abstrakt. Das sind ja auch nur Umrisse.

Was sehen Sie heute anders? Die letzten zehn Jahre dürfen ja an einer Theologie, die sich zu Recht nachidealistisch nennen will, nicht spurlos vorübergegangen sein.

JBM: Ja, in den letzten Jahren gilt den Auseinandersetzungen mit Friedrich Nietzsche und der damit zusammenhängenden Verwandlung von Metaphysik in Psychologie und Ästhetik meine besondere Aufmerksamkeit. Für unsere mitteleuropäische intellektuelle Kultur ließe sich vermutlich formulieren: »Marx ist tot, Nietzsche lebt«. Doch ich bin nicht der Mei-

nung, daß wir Marx einfach ignorieren können, auch nach dem Zusammenbruch der kommunistischen Systeme nicht. Das möchte ich auch deswegen unterstreichen, weil ich schon relativ früh, so Anfang der 70er Jahre, gemerkt und geschrieben habe, daß Nietzsche nun wieder aus dem damals allgegenwärtigen Schatten von Marx heraustritt. Was theologisch an Karl Marx wichtig bleibt? Sagen wir so: Der jüdische Geist hat entdeckt, was Geschichte ist; und Karl Marx hat – und das hat wohl auch mit seinem Jude-Sein zu tun – diese Entdeckung innerhalb der europäischen Geschichte gesellschaftskritisch dramatisiert und damit die sogenannte Theodizeefrage in neuer Schärfe aktualisiert. Eben das müssen wir theologisch unbedingt im Auge behalten. Auch die Auseinandersetzung mit der Ideologiekritik ist für das Theologietreiben heute alles andere als überflüssig geworden.
Und dann ist da eine andere »Unterbrechung« des Gedankenstroms der Theologie. Sie ist an den Namen »Auschwitz« gebunden, sie macht jede christliche Theologie, die sich nicht als später Platonismus oder als purer Idealismus entlarven lassen will, nach meiner Überzeugung zu einer »Theologie nach Auschwitz«.

Solche Überzeugungen kommen ja nicht von ungefähr. Wie kam es, daß das Grauen, für das der Name »Auschwitz« steht, in den Mittelpunkt ihres Denkens rückte? Es hat lange gedauert, bis Sie zur Sprache fanden – war das Schweigen notwendig?

JBM: Diese Frage habe ich mir auch selbst oft gestellt. Vor ein paar Jahren habe ich bei einem Symposion in Turin George Steiner getroffen, der in Genf und Cambridge lehrt, und wir haben eben diese Frage des allzulangen Schweigens nach der Katastrophe von Auschwitz besprochen. Mir leuchtete ein, was er andeutete. Er sagte, nach dem Ersten Weltkrieg hätten die Deutschen sehr schnell die damalige Katastrophe besprechen können, auch die Theologie konnte die Krise, die mit dem Niedergang der bürgerlichen Gesellschaft im Ersten Weltkrieg verbunden war, eigentlich relativ schnell kommentieren – etwa mit den apokalyptischen Tönen, wie wir sie aus Karl Barths Römerbriefkommentar kennen. Die Katastrophe war zwar groß, verschlug aber nicht die Sprache. Mit dem, wofür Auschwitz steht, hat die Menschheitskatastrophe Dimensionen angenommen, die gerade bei sensiblen Leuten ein Sprach-Moratorium hervorrufen konnten. Angesichts dieses Grauens konnte man nicht mehr wissen, wo einem der Kopf stand und das Herz schlug. Damit soll keineswegs die deutsche »Unfähigkeit zu trauern« nachträglich kaschiert werden, es soll mit dieser Beobachtung überhaupt nichts beschönigt werden.

Wie immer habe auch ich das Fehlen von Auschwitz in der Theologie erst spät, zu spät wahrgenommen. Die 68er-Erfahrungen brachten ja auch ein neues Verhältnis zur deutschen Vergangenheit, endlich auch eine breitere Bewußtheit über den Holocaust. So konnte ich Anfang der 70er Jahre meinen großen Lehrer und Freund Karl Rahner fragen, warum Auschwitz in der Theologie, auch in seiner, nicht vorgekommen ist. Rahner hat meine Beunruhigung durchaus ernstgenommen.

KR

Da gibt es noch einen anderen Gesichtspunkt zu diesem Schweigen über Auschwitz. Als viele Leute nach dem Krieg beteuerten, sie hätten von diesem Grauen nichts gewußt, habe ich das zunächst für Lüge oder Verdrängung gehalten. Als mir auch meine Mutter sagte, auch sie hätte von diesem Naziverbrechen nichts gehört und gewußt, habe ich immer wieder darüber nachgedacht. Heute scheint mir dies in gewisser Weise einleuchtend zu sein: Sie haben damals wahrscheinlich wirklich nichts gewußt, vor allem deswegen nicht, weil sie sich das Ungeheuerliche nicht vorstellen konnten, weil sie alle Greuel, von denen sie gehört hatten, im Grunde als Kriegsgreuel empfunden haben und erst langsam nach dem Krieg wahrgenommen haben, was da eigentlich geschehen war. Deswegen ist es für mich auch nicht so verwunderlich, wenn immer wieder einmal jemand auftaucht, der dieses Grauen leugnet. Mich wundert eher, daß es so wenige sind. Schließlich sprengt die Realität von Auschwitz den Rahmen unserer Anschauungen. Seit dem jüngsten »Historikerstreit« spricht man mehr oder minder einhellig von der »Historisierung« des Nationalsozialismus und seiner Verbrechen. Für mich bleibt da immer noch eine Frage, die Frage nämlich, wie man eine Katastrophe im Gedächtnis behalten kann, die sich der historischen Anschauung immer wieder zu entziehen droht. Um Auschwitz, um die Shoah so im Gedächtnis zu behalten, daß sie sich unter uns keinesfalls wiederholt, bedürfte es der Stützung unseres Bewußtseins durch das, was ich »anamnetische Kultur« nenne. Sie ist eine Mitgift des jüdischen Geistes. Und sie fehlt uns weithin, hierzulande und überhaupt in Europa, seit in Auschwitz dieser jüdische Geist endgültig ausgelöscht werden sollte.

Es hat lange gedauert, bis ich begriff, daß Auschwitz ein Attentat auf alles war, was auch uns Christen hätte heilig sein müssen. Als ich ab 1973 die Textvorlage für den Synodenbeschluß »Unsere Hoffnung« erarbeitete, war ich schon von diesem Bewußtsein geprägt. Der Abschnitt dort »Für ein neues Verhältnis zur Glaubensgeschichte des jüdischen Volkes« enthielt, trotz mancher Abschwächungen im endgültigen Beschluß, die erste deutliche Aussage zu Auschwitz von seiten unserer deutschen Kirche.

Nochmals: Woher meine Beunruhigung? Ich kann ihren Ursprung nicht genau bezeichnen. Heute bin ich bestürzt darüber, daß ich während meiner Studentenzeit nach dem Krieg nie das KZ Flossenbürg besucht habe, das nur etwa 50 Kilometer von meiner oberpfälzischen Heimatstadt entfernt ist, das KZ, in dem Dietrich Bonhoeffer umgebracht wurde, nicht zuletzt, weil er auch für die Juden schrie.

Hat die Theologie Ihrer Meinung nach mittlerweile ausreichend begriffen, daß sie sich in der Situation »nach Auschwitz« befindet und an dieser Herausforderung nicht vorbeikommt?

Sehen Sie Ansätze, diese Herausforderung wirklich ernstzunehmen?

JBM: Natürlich darf man Auschwitz nicht etwa zu einer Art »negativer Religion« oder einem »negativen Mythos« für die Christen machen. Gleichwohl bin und bleibe ich hinsichtlich Ihrer Frage skeptisch. Es gibt ja zu Auschwitz viel Schuld- und Verantwortungsrhetorik in unserem Christentum, die aber, wenn ich recht sehe, nicht bis an die Wurzeln christlicher Theologie reicht. Was in dieser Shoah geschah, fordert ja nicht nur eine Revision des historischen Verhältnisses zwischen Christen und Juden, sondern auch eine Revision christlicher Theologie. Das hat mein Freund Jürgen Moltmann zu Recht entschieden betont. Ist unserer Theologie der Jude Jesus nicht bis heute zu sehr fremd geblieben? Müssen uns womöglich erst die inzwischen heftig diskutierten Qumran-Texte daran erinnern, wie tief in die jüdische Geschichte der Ursprung des Christentums verwoben ist?
Antisemitismus gibt es ja nicht nur als kruden Rassismus. So tritt er ja auch in der Theologie kaum mehr auf. Es gibt ihn aber auch in viel feinerem, vornehmerem Gewand, im psychologischen oder metaphysischen Gewand. In diesem Gewand wurde er zum Versucher der christlichen Theologie von Anfang an. Es sind vor allem gnostische Motive und Vorstellungen, die ich da meine. Die haben auch heute wieder Konjunktur, z.B. bei tiefenpsychologisch imprägnierten Theologien, etwa aus der Ecke von C.G. Jung.

Elie Wiesel schreibt in einem frühen Essay: »In Auschwitz ist die Idee des Menschen und der Mensch selbst gestorben.« Dieser Satz hat uns sehr beschäftigt. Ist die Idee vom Menschen wirklich gestorben? Haben Sie noch Vertrauen in den Menschen?

JBM: Elie Wiesel betreibt m.E. Aufklärung und Wahrheitsfindung durch Übertreibung, durch gesteigerte Einseitigkeit.

Das halte ich für legitim. Ich glaube, daß er mit solchen Sätzen einen Prozeß in Gang bringen will und auf rettenden Widerspruch lauert. Er hat ja auch einmal gesagt: »Der nachdenkliche Christ weiß, daß in Auschwitz nicht das jüdische Volk gestorben ist, sondern das Christentum.« Auch diesen Satz verstehe ich so.

Für viele, auch für viele Christen ist Auschwitz längst hinter dem Horizont ihrer Erinnerungen verschwunden. Aber den anonymen Folgen dieser Katastrophe entgeht niemand. Die theologische Frage nach Auschwitz heißt ja nicht nur: Wo war Gott in Auschwitz? Sie heißt auch: Wo war der Mensch in Auschwitz? Ich will Ihnen sagen, was mich an der Situation »nach Auschwitz« immer besonders tief berührt und beunruhigt hat. Ich meine das Unglück, die Verzweiflung derer, die diese Katastrophe überlebt haben. So viel sprachloses Unglück, so viele Selbstmorde! Viele sind an der Verzweiflung am Menschen gescheitert. Wie auch kann man an den Menschen oder gar, welch großes Wort, an die Menschheit glauben, wenn man in Auschwitz erleben mußte, wozu »der Mensch« fähig ist? Wie unter Menschen weiterleben? Was wissen wir von der Bedrohung der Menschlichkeit des Menschen, wir, die wir mit dem Rücken zu dieser Katastrophe gelebt haben oder nach ihr geboren wurden? Auschwitz hat auch die metaphysische Schamgrenze zwischen Mensch und Mensch tief abgesenkt. So etwas überstehen nur die Vergeßlichen. Oder die, die schon erfolgreich vergessen haben, daß sie etwas vergessen haben. Aber auch sie bleiben nicht ungeschoren. Man kann auch auf den Namen des Menschen nicht beliebig sündigen. Nicht nur der einzelne Mensch, auch die Idee des Menschen und der Menschheit ist zutiefst verletzbar. Nur wenige bringen die gegenwärtigen Humanitätskrisen mit Auschwitz in Verbindung: die zunehmende Taubheit gegenüber allgemeinen und »großen« Ansprüchen und Wertungen, den Solidaritätsverfall, das anpassungsschlaue Sich-Kleinmachen, die zunehmende Weigerung, das Ich des Menschen mit moralischen Perspektiven auszustatten usw. Sind das nicht auch alles Mißtrauensvoten gegen den Menschen? Es gibt eben nicht nur eine Oberflächengeschichte, sondern auch eine Tiefengeschichte der Gattung Mensch. Ist sie etwa durch die Katastrophe von Auschwitz unheilbar verletzt? In diese Richtung deutet für mich der Satz von Elie Wiesel.

Philosophisch-theologische Begegnungen – prägende Gestalten

Der philosophische Impetus, Ihr Blick aufs andere, aus der Theologie hinaus – ist das die Prägung, die Sie von Ihrem Lehrer Karl Rahner haben?

JBM: Ganz sicherlich ist das eine Gestikulation, die mit Karl Rahner zu tun hat; ja beinahe alles in meiner Theologie hat irgendwie mit ihm zu tun. Und dieser philosophische Grundimpetus, das war auch die Nähe, die spontane Nähe zwischen ihm und mir. Allerdings habe ich – und das hat mit dem zu tun, worüber wir gerade gesprochen haben – Hegel anders begriffen als er. Die Größe Hegels für mich ist weniger die eines philosophischen Systematikers als die eines philosophischen Zeitanalytikers. Für mich war der bekannte Satz, die Philosophie sei ihre Zeit in Gedanken gefaßt, maßgeblich bei Hegels Bedeutung für die Theologie. Dennoch: Die Prägung meiner Theologie durch Karl Rahner kann man kaum überschätzen. Und zwar auch deswegen, weil sie über das Akademische auch in das Persönliche reicht, eine existentielle Dimension für mich hat. In gewisser Weise war er für mich der »Vater« meines Glaubens. Die Geschichte meiner Theologie und meine Glaubensgeschichte sind – denke ich – so ineinander verwoben, theologisches »System« und Biographie so stark aufeinander bezogen, daß der, der meine Theologie geprägt hat, auch in den Prozeß meines eigenen Glaubens eingegriffen hat. Theologie als Lebensform zu begreifen, das kommt ja auch ganz von Rahner. Das kann auch Herbert Vorgrimler, mein theologischer Weggefährte bei Rahner, bestätigen.

Die theologische Kontroverse, der Streit, der dann entstanden ist, lief immer freundschaftlich ab. Wo der Widerspruch biographisch herkam – vielleicht durch meine Kriegserfahrungen, aus den zerfallenen Kindheitsträumen, dann aus den Erfahrungen der 60er Jahre – kann ich nicht im einzelnen sagen.

Ich bin aber zutiefst überzeugt, daß die Theologie ihre Größe gerade an der Nichtidentität zu zeigen hat. Und Karl Rahner hat ausdrücklich betont, daß er die Einsprüche der Politischen Theologie, wie ich sie formuliert habe, sehr ernstnimmt und als die einzig maßgebliche Kritik an seiner Theologie betrachtet. Es zeichnete seine denkerische Persönlichkeit aus, daß er sich gegensätzlichen Meinungen aussetzte, sein Denken war von einer einzigartigen maieutischen Kraft.
Trotz aller Hochschätzung seiner Theologie, trotz meiner Verehrung seiner Person, bin ich der Meinung, daß sein transzendentales Konzept letztlich geschichtslos oder doch zu geschichtsfern ist. Systematisch-theologisch betrachtet liegt das daran, daß bei mir Apokalyptik bzw. Eschatologie eine große Rolle spielen und daß auch die Christologie ohne diesen apokalyptisch-eschatologischen Index gar nicht zu fassen ist. Das zeigte sich z.B. auch in der unterschiedlichen Heidegger-Rezeption: Bei Rahner war es die Existentialanthropologie, bei mir wurde es immer mehr die Frage nach Sein und Zeit bzw. nach Sein als Zeit.

Gab es für Sie, als Sie in den 50er Jahren studierten, neben Rahner noch andere prägende Gestalten?

JBM: In der Frühzeit meines Theologiestudiums war ich fasziniert von Hans Urs von Balthasar. Ich habe seine Sprache bewundert und sein Grenzgängertum zwischen Theologie, Philosophie und Literatur. Oder seine Art, Streitschriften zu verfassen. Ich glaube, man weiß nicht mehr, daß hinter dem späten Balthasar eigentlich ein ganz anderer Balthasar verschwunden ist. Heute frage ich mich, ob es vielleicht mehr das Ästhetische an seiner Theologie war als die einzelnen Inhalte. Ich kann mich noch entsinnen, wie Ende der 50er Jahre sein Aufsatz »Theologie und Heiligkeit« erschien. Der hat mich ungeheuer beeindruckt. Oder sein »Herz der Welt« und die Art, wie er christologische Fragen gestellt hat. Sprachlich erinnerte mich da vieles an – Nietzsche. Ich hatte schon in der

Schule Nietzsche gelesen, wenn der Deutschunterricht langweilig war – und fand das natürlich eindrucksvoll.
Was die Inhalte angeht, war Rahner mir eigentlich immer wichtiger. Ein deutlicher Bruch kam dann mit Balthasars mystischen Äußerungen zum Werk der Adrienne von Speyer – das habe ich dann ganz einfach nicht mehr nachvollziehen können und wollen. Man darf aber nicht vergessen, daß Balthasar in seinen letzten Werken – wenn man so will – ein Stück Postmodernität vorweggenommen hat, indem er die Theologie als Ästhetik konzipiert hat. Das hat natürlich etwas mit seinem diagnostischen Gespür zu tun. Inhaltlich, beispielsweise in den Streitigkeiten um die Trinität, bin ich immer dezidiert auf der Seite Rahners gewesen. Aber ich bin mir sicher, daß man der Vielschichtigkeit Balthasars Unrecht tut, wenn man ihn jetzt einfach als konservativen Papsttheologen abstempelt. Wir waren gut miteinander bekannt und unsere Beziehung war, wenn ich das so sagen darf, von einer gegenseitigen Wertschätzung getragen. Bis in die 80er Jahre hinein gab es einen – wenn auch sporadischen – Briefwechsel zwischen uns.

Wechseln wir zu den philosophischen Gesprächspartnern, mit denen Sie in Auseinandersetzung standen. Wie stießen Sie als junger katholischer Theologe auf Bloch und die Frankfurter Schule?

JBM: Was immer ein prägendes Moment war: Ich bin selten über Bücher an diese philosophischen Personen und Positionen geraten, sondern über Gespräche und Diskussionen. Und dann gehört bei mir auch dazu, daß ich Fundamentaltheologie immer begriffen habe als eine, die um ihrer Identität als Theologie willen eine Reihe von kognitiven Fremdbestimmungen riskieren muß, um dem gerecht zu werden, was sie ja eigentlich tun soll, nämlich im Angesicht der Anderen Hoffnung zu verantworten. Das Gestikulieren mit dem fremden, anderen Logos, das ist ein Grundpathos bei mir bis heute.

Wenn ich über mein Verhältnis zu Ernst Bloch berichten soll, so muß ich anekdotisch werden: 1963 bekam ich eine Einladung der Akademie in Weingarten zu einer Tagung, an der Ernst Bloch teilnahm. Thema war die Zukunft des Menschen. Ich hatte damals keinen besonders entwickelten Begriff von Zukunft, aber ich hatte einen Aufsatz, der hieß: Die Zukunft des Christentums in einer hominisierten Welt. Den habe ich eingepackt und bin dorthin gefahren. Mit Blochs Zukunftsdenken hatte das eigentlich nichts zu tun, aber Bloch hat offensichtlich den Eindruck gehabt: Da ist ein junger Theologe, der ein bißchen anders redet als die Theologen, die er, seit er im Westen war, kennengelernt hatte; das hat er mir gegenüber jedenfalls einmal so gestanden. Erst nachdem ich ihn auf diese Weise kennengelernt hatte, habe ich angefangen, etwas von ihm zu lesen.
Dann gab es 1964 eine weitere Diskussion, in Düsseldorf, die in vielen Zeitungen besprochen wurde, eine Podiumsdiskussion zwischen Ernst Bloch und Johann Baptist Metz, einem jungen, unbekannten Theologen aus Münster. Bloch war, glaube ich, sehr angetan von meiner Art zu fragen, obwohl die Leute erstaunt waren, wie der Metz dem Bloch da »ans Zeug gegangen« ist. In Sachen »Gott« habe ich nie nachgegeben, habe ihn immer gefragt, ob Utopien nicht eine Beute der anonymen Evolution werden, wenn kein Gott ist, vor dem auch das Vergangene nicht sicher ist. Und seiner Rede vom »Transzendieren ohne Transzendenz« habe ich immer entgegengehalten, daß sie nur möglich ist, weil es immer noch so unbelehrbare Theologen (wie mich) gibt, die eben von »Transzendenz« sprechen. An seinem Buch »Atheismus im Christentum« entzündeten sich leidenschaftliche Theodizeediskussionen in einer Reihe von Tübinger Nokturnen. In meinem Taschenbuch »Unterbrechungen« habe ich ja tagebuchartig darüber und über andere Begegnungen mit Bloch berichtet. In Wien 1966 beim Universitätsjubiläum, ähnlich bei den Alpbacher Hochschulwochen 1968 sind wir jeweils gemeinsam aufgetreten, und immer hat er mich verteidigt, wenn es den anderen zuweilen zu »fromm« wurde.

Weniger als von Bloch ist in Ihren Büchern von Adorno und Horkheimer die Rede – obwohl Ihnen der Blick für das Nichtidentische gemeinsam ist. Hatten Sie Diskussionen und Auseinandersetzungen?

JBM: Adorno habe ich persönlich Mitte der 60er Jahre über eine Tagung der Studienstiftung kennengelernt, wo ich als Theologe geredet habe. Damals kannte ich allerdings schon einiges von Adorno, viel mehr als zuvor von Bloch. Ich bin bis heute erstaunt über das Interesse, das Adorno mir daraufhin entgegengebracht hat. Ich war von seinen Augen, seiner Intelligenz und vor allem seiner »Negativen Dialektik« fasziniert. Bis heute.

Damals wurde mir auch erstmals bewußt, daß die Denker, die nun Einfluß auf mich gewannen, aus einem jüdischen Hintergrund kamen. Das gilt schließlich auch für Horkheimer. Mit ihm hatte ich einen ähnlichen Disput in Düsseldorf wie mit Ernst Bloch. Da entsinne ich mich, daß Horkheimer zu mir, als wir uns am Bahnhof verabschiedeten, gesagt hat: »Herr Metz, sehen Sie, wie grausam ein Zug ist, der so schnell jetzt wegfährt und die Leute auseinanderbringt.« Das sollte wohl praktische Kritik der Auswüchse der instrumentellen Vernunft sein. Mir fällt nur noch ein, daß ich darauf gesagt habe: »Herr Horkheimer, aber er bringt die Leute doch auch zusammen, nicht nur auseinander.« Ich habe damals offensichtlich die Verheißungen der Technik ihm gegenüber verteidigt, aber Einzelheiten weiß ich da nicht mehr. Allzu intensiv war die Auseinandersetzung mit Horkheimer nicht.

Bei Jürgen Habermas finden sich Randbemerkungen zu Metz und bei Metz welche zu Habermas, aber nur Randbemerkungen. Wo liegen heute Ihre Differenzen zur Kritischen Theorie?

JBM: Der Kontakt zu Jürgen Habermas lief eigentlich zunächst über meine Schüler, von denen einige ganz leidenschaftliche Habermasianer sind. Über meinen Schüler und

Freund Helmut Peukert, im Zusammenhang mit dessen eminent wichtiger Dissertation, wurde ich mit dem Werk von Jürgen Habermas erstmals näher vertraut. Bei allem Respekt vor der herausragenden Bedeutung dieses philosophischen Werks vermißte ich bei Habermas etwas, was mir bei Benjamin, bei Adorno und auch bei Horkheimer wichtig war, den Stachel einer Art negativer Metaphysik. Übrigens habe ich bis heute nicht recht verstanden, wieso Habermas von einem »nachmetaphysischen Denken« spricht, wo er selbst doch dem Denken so viel Wahrheitsfähigkeit zutraut. Ich vermute, daß da die Angelsachsen speziell ihn mehr verunsichern konnten, als es ihnen bei den Vätern der Frankfurter Schule gelungen war. Habermas und ich sind ja ungefähr gleichaltrig. Seit meiner Mitarbeit beim Suhrkamp-Jubiläumsband, seit einer gemeinsamen Zeit in Boston, seit unserer Begegnung beim Gießener Philosophenkongreß, seit dem Frankfurter Disput über die »Zukunft der Aufklärung« sind unsere persönlichen Kontakte gewachsen; wir sehen uns nun öfter einmal, nicht nur bei öffentlichen Anlässen, sondern auch privat.

Leicht hängt den Großen der Philosophie – denken Sie z.B. an den späten Bloch – der Verdacht an, Sie würden schließlich den Theologen zu nahe geraten. Nicht so bei Habermas. Gegenseitige Vereinnahmungen gibt es da nicht. Aber allerlei Fragen und Kontroversen. Soll ich Ihnen einige entscheidende aus meiner Sicht nennen? Es ist z.B. der Streit um die von mir so genannte anamnetische Vernunft, der Streit darum, ob und wie sie überhaupt in der griechisch geprägten Denkgeschichte beheimatet ist und ob sie nicht fundierender ist als die von Habermas favorisierte kommunikative Vernunft. Analog dazu habe ich aus der Sicht einer anamnetischen Ethik Vorbehalte gegenüber seiner Diskursethik und ihrer Reichweite. Erinnerungen sind für mich nicht nur Gegenstände von prüfenden Diskursen, sondern auch der Boden von Diskursen, ohne den sie ins Leere fallen würden. Sie können Diskurse nicht nur beflügeln oder illustrieren, sondern auch unterbrechen und auflösen. Ich kenne eigentlich nur eine schlechthin universelle

Kategorie, sie heißt memoria passionis. Und ich kenne nur eine Autorität, die durch keine Aufklärung und keine Emanzipation abberufen werden kann: die Autorität der Leidenden. Vielleicht – und das ist eine Vermutung, die ich hier riskiere – vielleicht ist es der fehlende oder doch nur schwach beleuchtete jüdische Hintergrund bei Habermas, der ihn zwar weniger theologisch, aber in meinen Augen immer noch idealistischer erscheinen läßt als Benjamin und die alten Frankfurter. Worin z.B., auf welchem quasi idealistischen Versöhnungsvertrauen fußt denn sein Vorgriff auf die ideale Kommunikationsgemeinschaft? Ist sie etwas anderes als antizipierte Versöhnung und »Aufhebung« von Negativität? Und ist das nicht (am Ende sogar typisch deutscher) Idealismus? Ich empfinde da bei ihm zu wenig denkerische Geduld mit der Negativität, mit der Nicht-Identität, mit Bilderverbot und negativer Theologie, wenn ich das einmal so ausdrücken darf. Hat da Habermas bei seiner Kritik an den theologischen Wurzeln der »Dialektik der Aufklärung« vielleicht zu sehr zugeschlagen und sich dafür einen verkappten Idealismus eingehandelt? Aber das muß ich ihm wohl besser selbst vorhalten und zuvor nachschauen, ob er diesen Verdacht nicht irgendwo schon selbst ausgeräumt hat. Wie immer, die Begegnung mit ihm ist mir ein großes Geschenk.

Eines Ihrer letzten Bücher heißt »Augen für die Anderen«. Damit bringen Sie einen Philosophen ins Spiel, der in letzter Zeit viel Aufmerksamkeit in der philosophischen Diskussion findet, Emmanuel Lévinas. Hat Lévinas in den letzten Jahren Bedeutung für Ihre nachidealistische Theologie gewonnen?

JBM: Es war 1985 in Castel Gandolfo, als ich Emmanuel Lévinas zum ersten und bisher einzigen Mal persönlich begegnete. Er kam auf mich zu und umarmte mich, wortlos, und ich durfte das wohl als ein Zeichen seiner Anerkennung dafür deuten, daß ich mit meinen Kräften versucht habe, dem Christentum und der Theologie das Gewissen für die Katastrophe von Auschwitz zu schärfen. Denn die steht gewiß im Hintergrund der Philosophie von Lévinas. Soviel wage ich zu sagen, auch wenn ich gestehen muß, daß ich von seinen Schriften nur wenig kenne. Wie ich kürzlich recherchiert habe, habe ich zwar schon 1964, als ich mich das erste Mal in meiner Vorlesung an einem theologischen Intersubjektivitätstheorem versuchte, auf einen französischen Artikel von Lévinas hingewiesen. Aber zum Lehrer ist er mir nicht geworden, auch nicht in der Zeit, in der ich mich viel bewußter als früher an jüdische Traditionen im theologischen Denken gewandt habe. Daß ich mittlerweile, wenn auch immer nur sporadisch, immer wieder von ihm höre und auch auf ihn verweise, hängt zunächst einmal an dem Umfeld, in dem ich arbeite, hängt an meinen Mitarbeitern und an manchen meiner philosophisch orientierten Freunde. Mehr über sie als über primäre Texte von Lévinas habe ich mich über die Bedeutung seines sogenannten Alteritätstheorems informiert.

Natürlich hat mich beeindruckt, wie sehr bei ihm ein Blick da ist für die Geheimnishaftigkeit der anderen Menschen in ihrer Andersheit. Und wie sehr wir unter dem Zwang des griechisch-metaphysischen Angleichungsdenkens die Anderen immer zu einer mehr oder minder positiven oder negativen Funktion an uns, an unseren Identitätsfragen, an unserer Ich-Werdung gemacht haben – und dies selbst noch in den Intersubjektivitätstheorien. Und wie wenig wir die durch nichts aufzuhebende Ferne und Fremdheit im Anderen, den in ihm, in seinem Antlitz liegenden Befehl, ihn auch den Andern sein zu lassen, begriffen haben. Neugierig bin ich auf den bei Lévinas anklingenden Unterschied zwischen jüdischem Kommentar und christlicher Hermeneutik, neugierig auf die Art, wie er mit den semantischen Gehalten der biblischen Traditionen überhaupt umgeht, vor allem soweit sie Gebote, soweit sie Imperative enthalten. Was etwa »bedeutet« schon das Gebot der Feindesliebe? Kann man sich in so etwas zunächst verstehend einfühlen, um dann zu entscheiden, ob man ihm folgt oder nicht? Hier lauert ein biblischer »Primat der Praxis«, ein

Zusammenhang von Gehorchen und Verstehen, den ich jedenfalls längst nicht hinreichend durchgefragt habe.
Was mich an Lévinas zudem interessiert, ist die Tatsache, daß auch er mit Heidegger umgegangen ist. Ähnlich wie Heidegger greift Lévinas offensichtlich durch die ganze griechisch-abendländische Denkgeschichte hindurch und sucht zu zeigen, wie sehr sie unter dem Totalitätszwang eines Angleichungsdenkens steht, das er eben auch bei Heidegger noch nicht erfolgreich überwunden sieht. Und natürlich macht er sich über dessen nationalsozialistische Einstellung und seinen kaum verhohlenen Antisemitismus keinerlei Illusionen.

Heidegger hat Sie in der frühen Zeit Ihres theologischen Denkens stark beschäftigt. Auch in Verbindung mit Rahners Theologie. Aber zwischenzeitlich war Heidegger in der Politischen Theologie beinahe verpönt. Wie denken Sie heute darüber?

JBM: Mein Verhältnis zu Martin Heidegger ist und bleibt zwiespältig. Vergessen Sie nicht, daß ich mit 22 Jahren eine philosophische Promotion geschrieben habe, die unter dem Titel stand »Heidegger und das Problem der Metaphysik«. Ich habe damals das Thema mit Vorgaben bearbeitet, die mir aus dem neueren Thomismus vertraut waren, von Philosophen wie Max Müller, Johannes Lotz, Bernhard Welte, und in allem schon die philosophischen und religionsphilosophischen Überlegungen Karl Rahners, wie sie in seinen beiden, später von mir überarbeiteten, philosophischen Hauptwerken »Geist in Welt« und »Hörer des Wortes« vorlagen. Damals habe ich noch nicht gemerkt, welches Problem, welche Fragestellung sich die Theologie mit Martin Heideggers »Sein und Zeit« eigentlich eingehandelt hatte.

Auf diese schwierige, sehr schwierige Frage kommen wir noch zurück. Zunächst jedoch: weshalb die Distanz, das Nichtverstehen Heideggers?

JBM: Nun, dafür gibt es eine Reihe von Gründen. Für eine Politische Theologie, die sich als Theologie nach Auschwitz begriff, mußte ein Denker wie Heidegger, mit seiner Rektoratsrede, mit seinem Humanismusbrief, in dem er (nach dem Krieg) die Juden einfach vergaß, eher perhorreszierend wirken. Doch gab es natürlich auch strikt »systematische« Gründe. Einmal ging es der Politischen Theologie immer darum, das Subjekt in seinen geschichtlichen und gesellschaftlichen Bestimmungen gegenüber einer abstrakten Subjektivität stark zu machen. Da mußten die subjektlosen Aussagen bei Heidegger und sein menschenleeres Sein in jedem Fall verdächtig erscheinen. Am wichtigsten aber war, innertheologisch, dies: Die Politische Theologie verstand sich ja von ihrem Ansatz her als kritisches Korrektiv gegenüber den in den 50er und 60er Jahren herrschenden Personal-, Existential- und Transzendentaltheologien. Bei Karl Rahner, wie übrigens auch bei Bultmann, war Heidegger vor allem durch seine Existentialanthropologie wirksam geworden. Eben dieser existentialanthropologischen und transzendentalanthropologischen Theologie warf die Politische Theologie vor, daß sie sich ihre Modernitätsverträglichkeit durch Privatisierung erkaufen würde. Die Kritik der Politischen Theologie wurde so zu einer Kritik der Heidegger-Rezeption in der Theologie. Heutzutage weiß man ja kaum noch, wie existentialistisch in den 50er Jahren das theologische Reden war. In seinem Hang zur Existentialdramatik war dieser Existentialismus natürlich auch eine typische Nachkriegsphilosophie. Für die Politische Theologie wurde der Existentialismus auch deswegen problematisch, weil sie hier ein Denken am Werk sah, das meinte, die Aufklärung, vor allem auch die politische Aufklärung und deren Provokationen, mit Leuten wie mit Heidegger, hinter sich gebracht zu haben, ohne wirklich durch sie hindurchgegangen zu sein. Von daher war Heidegger für mich lange Zeit fern und verdächtig.

Weshalb konnte Heidegger dann in Ihr Denken zurückkehren?

JBM: Irgendwann wurde mir deutlich, daß Heidegger eben nicht auf dem Wege über die Anthropologie, also über seine Existentialanthropologie, sondern auf dem Wege über seine Zeitontologie bzw. das darin gesuchte Temporalisierungsprogramm der Metaphysik für die Theologie ernstzunehmen sei. Das hing nun wieder damit zusammen, daß mich eigentlich Fragen nach der Apokalyptik von Anfang meines Theologietreibens an begleitet haben und daß dann, in der kritischen Diskussion mit der Transzendentaltheologie, nicht mehr die theologische Anthropologie, sondern die Geschichtstheologie und die Eschatologie im Vordergrund standen. Sowohl die Apokalyptik wie die Eschatologie drängen aber eigentlich die Frage nach dem Verhältnis von »Gott und Zeit« auf. Heidegger hatte bei seiner Zeitontologie ins vorsokratische Denken zurückgefragt. Er hätte, das ist bis heute meine Überzeugung, besser in die apokalyptischen Traditionen zurückgefragt. Denn sie sind die eigentliche Zeitlehre. So hat Heidegger für mich mit »Sein und Zeit« zwar ein Jahrhundertthema angeschlagen, hat es aber in die falsche Richtung verfolgt.

Erzählen und Erinnern – Ästhetik und Ethik

Trotz der philosophischen Imprägnierung Ihrer Theologie, trotz der Auseinandersetzungen, die Sie auf dieser Ebene führen, kämpfen Sie seit Jahren vehement um eine ganz andere Form der Sprache: um die Anerkennung der Bedeutung von Erzählung für Humanität, Glauben und Theologie. Weshalb?

JBM: Das ist eine ganz zentrale, entscheidende Frage. Erzählung und Erzählen sind deshalb so wichtig, und zwar auch für die humane Identität und Gestaltung des Lebens, weil das, was der Mensch ist, und das, was er von sich halten darf, von sich hoffen kann, nur gedacht werden kann im Blick auf eine Koalition von gegenwärtig Lebenden und inzwischen Verstorbenen, Vergessenen, Geopferten, Besiegten. Deren Visionen und deren Weisheit gehören zum Fundus der Humanität. Der läßt sich niemals bloß auf dem Weg über historische Rekonstruktion gewinnen. Das geht nur über Erzählen »gegen die Zeit«, und deshalb muß man immer wieder versuchen zu erzählen. Oder anders ausgedrückt: Eine Geschichtswissenschaft ohne den Beistand der Literatur ist formal unvermeidlich und wichtig, aber sie kann nicht die Reserven an Weisheit, die das Humanum braucht, um sich selber zu verteidigen, darlegen und sichtbar machen.

Da überrascht es, daß Sie sich immer wieder skeptisch bis ablehnend gegenüber theologischen Versuchen, sich der Literatur zu nähern, geäußert haben. Wie steht es mit Ihrem Verhältnis zum Schönen, Kunst, Musik, Literatur? Wie läßt sich das mit Ihrer Wertschätzung von Erzählung und Ihrer eigenen Kunst zu sprechen und zu schreiben vereinbaren?

JBM: Mag sein, daß ich ein wenig besser als manche meiner Kollegen weiß, daß auch die christliche Theologie ohne das Brot der Erzählung verhungern würde. Das Christentum ist in seinen Wurzeln eine Erzähl- und Erinnerungsgemeinschaft. Bei seiner Theologiewerdung wurde es auch zur Argumentationsgemeinschaft. Die aber bleibt jedenfalls an die Erzählgemeinschaft zurückgebunden. Meine Vorbehalte gegenüber Ästhetik und Literatur: Nun, das bezieht sich nur darauf, daß Ästhetik heutzutage zum Religionsersatz wird und daß Geschichte nur noch literarisch verstanden wird, sozusagen in postmoderner Manier. Ansonsten feile ich an meiner Sprache, bemühe mich auch um Metaphern, in denen ein ganzer Argumentationsgang zusammengerafft sein kann und die freilich nur dann legitim sind, wenn sie, wie etwa auch das Gedicht, gar nicht durch andere Formulierungen adäquat ausgedrückt werden können. Es kann schon passieren, daß ich am Morgen vor drei Seiten eines Manuskripts sitze und am Abend, nach stundenlanger Arbeit, davon noch eineinhalb Seiten vor mir habe. Um des Gedankens und der Sprache willen. Vielleicht ist das ziemlich altmodisch, aber an der Sprachkompetenz der Theologie liegt mir viel. Ich weiß nicht, ob ich das »ästhetisch« oder »literarisch« nennen soll, es ist eben so. Ich weiß, daß es da auch eine Gefahr gibt. Eine Gefahr, wenn die Sprache abhebt, wenn sich die Radikalität des Glaubens als ästhetische Radikalität formuliert.

Hier müßte ich freilich auch etwas sagen über den Zusammenhang von theologischer Sprache und Gebetssprache. Denn letztlich stammt ja wohl jede Rede über Gott aus einer Rede zu Gott. Das kennzeichnet die eigentümliche Spannbreite der Sprache der Theologie, gerade der Theologie, die sich semantisch kontrolliert. Da bin ich übrigens immer ganz in den Spuren meines Lehrers Rahner geblieben. Theologie ist in ihrem Kern von Mystagogie nicht adäquat zu scheiden. Aber Sie wollten ja etwas hören über mein Verhältnis zum Schönen, zur Kunst, zur Musik. Wenn ich da redlich bin, muß ich sehr prosaisch werden. Offensichtlich habe ich da ein gewisses Ressentiment aus meiner Kindheit nie verloren. Als kleiner Junge mußte ich Geige spielen, obwohl ich viel lieber Fußball gespielt hätte. Anders im Umgang mit der Sprache. Jedenfalls schon in meiner Studentenzeit habe ich mich da in verschiedenen Sprachfeldern getummelt. Ich habe Märchen geschrieben, ich habe mir mit Werbetexten ein Zubrot verdient und ich habe mich auch noch zuweilen an Gedichten versucht in einer Zeit, in der meine Studienkollegen schon längst über ihr eigenes poetisches Zeitalter hinausgewachsen waren. Aber was sollen solche privaten Reminiszenzen? Wichtig ist, daß die Erzählsprache im Alltag nicht verkümmert.

Enthalten alltägliche Erzählungen ein theologisch relevantes Moment, das gar nicht explizit mit Christentum zu tun hat? Bedarf es heute einer »Erzählkultur«?

JBM: Die Erzählsprache ist nicht einfach die Sprache der Unterhaltung und der Zerstreuung. Sie kann durchaus etwas Widerständiges, ja etwas Subversives an sich haben. Bei der Entwicklung der Narrativitätsthese habe ich in einem früheren Text an einen Film von F. Truffaut erinnert. Er heißt, glaube ich, »Fahrenheit 451« und schildert Menschen, die nach der gewalttätigen Vernichtung ihrer Bücher und Bibliotheken ihre Geschichten auswendig lernen, als Widerstandswissen gegen Unterdrückung und Manipulation. Heute ist diese Erzählsprache weniger wichtig gegen die Zerstörung unserer Sprachwelten durch politische Diktaturen und totalitäre Regime (obwohl die, wie wir wissen, gerade auch in ihrer Sprachzerstörung verheerend wirken können), es geht mehr um die Rettung der selbsterfundenen und selbstgesprochenen Sprache in den sanften Diktaturen unserer Massenmedienwelt. Auch da geschieht heute viel Sprachverwüstung und Sprachenteignung. Ich glaube schon, daß man sagen kann: eine Erzählkultur im Alltag wäre da eine Art Widerstandskultur.

Eine solche Erzählkultur wäre heute auch wichtig im Blick auf das, was wir im Christentum und in der Theologie »Tradierungskrise« nennen, eine Krise, die schließlich nicht nur die Wurzeln der Religion, sondern auch die Wurzeln der Humanität gefährdet. Traditionen, in die man eingeübt sein muß, ehe man über sie nachgedacht hat, vermitteln sich sprachlich nicht über die reflexive Sprache, nicht über die Wissenschaftssprache. Sie vermitteln sich über die primär narrative Alltagssprache. Eine Kultur, die nicht der Amnesie verfallen will, eine Kultur, die ihr lebensprägendes Gedächtnis nicht gänzlich verlieren will, muß in diesem Sinne immer so etwas wie eine Erzählkultur bei sich haben.

Erzählung ist keineswegs eine rein privatistische Kategorie. Das hat man mißverstanden, als viele gefragt haben, was denn Narrativität mit Politischer Theologie zu tun habe. Die politische Kultur heutzutage ist in hohem Maße auf die Erzählsprache angewiesen. Woher kommt denn die beängstigende Fremdheit, ja zunehmende Feindlichkeit im multikulturellen Leben bei uns. Einer der Gründe ist, daß die Kultur der Erzählsprache unter uns verödet ist. Nicht die Sprache der Technik, nicht die Sprache der Wissenschaft, nicht die übliche Sprache der Politik ist die Basissprache im interkulturellen Tausch. Es ist eigentlich die Erzählsprache. Wo sie nicht selbst schon wieder manipuliert ist – auch das gibt es natürlich –, da ist sie die Sprache des Austausches von Erfahrungen, die Sprache auch der Neugierde, die gewaltfreie Sprache.

Die ausländerfeindlichen Ausschreitungen und der am Ende des Jahrhunderts wieder aufkommende Judenhaß bei uns und in ganz Europa – hat Sie das überrascht?

JBM: Was Deutschland betrifft, hat mich das nicht sehr überrascht. Ich habe der deutschen Normalität in dieser Hinsicht nie so recht getraut. Daß das inzwischen ein quer durch Europa grassierendes Phänomen ist – und davon darf man ja nicht absehen –, das hat mich schon mehr überrascht. Da spielt gewiß der Gedächtnisverlust eine Rolle, andererseits gibt es sicherlich eine ganze Reihe weiterer Gründe. Ich muß freimütig zugeben, daß ich das erneute Durchschlagen des ethnischen Prinzips in der Politik nicht erwartet hatte. Die Wiederkehr des Nationalismus, nicht nur der Nation, war für mich selbst auch überraschend. Andererseits sehe ich in dem, was die Wiedergeburt des Nationalismus angeht, eine Möglichkeit, das Erinnerungsverständnis zu klären. Wenn ich die memoria passionis als die uns einzig vergönnte universalistische Kategorie der Menschheit anspreche, dann meine ich damit nicht eine Erinnerung, die zur Selbstbestätigung dient und zur Identitätssicherung, vielmehr eine Erinnerung, die gerade die fugendichte Identität in Frage stellt, eine »gefährliche Erinnerung« also, die eher »schwach« macht, die offene Flanken schafft. Eine Erinnerung, die Leiden nicht benützt, um aggressiv zu werden, sondern die über den leidenden Anderen nachdenklich wird. Die neuen Nationalismen sind ja alle Instrumentalisierungen von Erinnerung zur Selbstbehauptung, nicht Erinnerungen, die über das vergangene Leid nachdenklich werden lassen.

Was den Antisemitismus in Deutschland angeht, bin ich der Meinung, daß der bei uns u.a. auch mit einer allzu fahrlässigen Rede von einer »neuen Ära« und vom endgültigen Ende der Nachkriegszeit zu tun hat. Fahrlässig gerade für die politische Kultur dieses Landes. Denn der empfindliche Umgang mit unserer jüngsten Vergangenheit war ja nicht eigentlich ein Nachteil und ein Zeichen der Schwäche, sondern die Errungenschaft einer neuen politischen Kultur, die deswegen keineswegs in einen neuen »deutschen Sonderweg« münden muß. Dieser empfindliche Umgang mit der eigenen Vergangenheit könnte sogar ein Zeichen setzen gegen allzu robuste nationale und ethnische Selbstbehauptungstendenzen andernorts in Europa.

Was mich zudem beunruhigt, liegt auf einer noch tieferen Ebene: Geistesgeschichtlich gesprochen ist es dies, daß jüdischer Geist im Grunde genommen keine europäische Heimstatt gefunden hat, obwohl heute deutlich wird, wie tief etwa die Gebote vom Berg Sinai in das Ideal der Menschenrechte eingegraben sind. Das Wissen darum, daß ganz Europa betroffen war vom Nationalsozialismus, und zwar schlicht da-

durch, daß die Juden in ganz Europa ausgerottet werden sollten, daß Europa durch die Nazis zum »Friedhof der Juden« geworden ist, hat nicht nur eine tragische und moralische Dimension, sondern es symbolisiert auch die Heimatlosigkeit und Ungeschütztheit des jüdischen Geistes in Europa.
Was man vom jüdischen Geist für uns alle erwarten kann, ist vor allem seine anamnetische Begabung, von der ich schon gesprochen habe. Diese anamnetische Kultur ist nicht nur eine Überlebensfrage des Judentums und des Christentums, sondern der für uns anschaulich gewordenen Humanität überhaupt. Wo eines Tages der Computer, der sich ja nicht eigentlich erinnern kann, weil er auch nichts vergessen kann, wo also der Computer unser Gedächtnis ersetzt, da werden wir ganz bestimmt keine Revolten mehr gegen soziale und andere Ungerechtigkeiten inszenieren; sie nämlich entspringen dem Leidensgedächtnis der Menschen.

Der Verlust des geschichtlichen Gedächtnisses war auch im Historikerstreit Gegenstand der Diskussion. Die zentrale Frage war dabei die sogenannte »Singularität« der nationalsozialistischen Massenvernichtung. Wie ist das zu verstehen? Wenn man von der Singularität von Auschwitz spricht, dann kann es ja nicht darum gehen, andere Leiden geringer zu achten – jedes Leiden hat ja seine je eigene Würde.

JBM: Singularität verstehe ich zunächst einmal als ein Verbot zu vergleichen, und das ist ein zutiefst humanes Verbot, weil es an der Würde des Leidens orientiert ist. Es richtet sich an dem aus, was ich die Autorität der Leidenden nenne. Wenn man das Singularitätsgebot so betrachtet, taucht die Frage, ob andere Leiden dadurch ausgeblendet werden, gar nicht auf. Selbstverständlich ist es wichtig, daß im jeweiligen geschichtlichen Kontext diese Unvergleichlichkeit wahrgenommen und eingeübt wird. Für mich zeigt sich nirgendwo im 20. Jahrhundert das strikte Verbot zu vergleichen und durch Vergleiche die Katastrophe wieder zu neutralisieren, so deutlich und unabweisbar, wie an dem, was wir mit dem Wort »Auschwitz« bezeichnen.

Wechseln wir das Feld. – In der Theologie plädieren Sie für Erinnerung und Tradition in einer Situation, in der die Standardkritik an katholischer Kirche lautet, sie sei zu traditionell und nicht »modern« genug. Damit grenzen Sie sich z.B. auch von Versuchen ab, Psychologie und Theologie zu verbinden.

JBM: Lassen Sie mich mit der Psychologie beginnen. Ich bin keineswegs ein Psychologie-Feind. Und meine Kritik an der wachsenden Psychologisierung unserer Alltagswelt ist begrenzt. Sie bezieht sich sozusagen auf die »Ideologie« dieses Vorgangs. Sie bezieht sich auf den Punkt, wo in quasi Nietzscheanischer Manier die Verwandlung aller metaphysischen Aussagen in psychologische betrieben wird und wo damit Transzendenz ausgebaut wird, oder wo, genauer gesagt, der nicht zu uns passende Gott ausgebaut wird. So, als ob es nur einen zu uns passenden Gott geben dürfe, einen entweder zu unseren psychologischen Selbstverwirklichungsvorstellungen passenden Gott oder einen zu unseren klerikalen Phantasien passenden Gott. Weil der Gott, von dem der Theologe zu sprechen hat, nie einfach »paßt«, deshalb muß die Theologie kritisch bleiben gegenüber jedem Versuch, alle Metaphysik in Psychologie zu verwandeln. Wer als Theologe meint, die Antworten, die uns Psychologie und Ästhetik auf das Menschsein geben, seien allemal einleuchtender und überzeugender als die, die in der Geschichte der Religion und der Metaphysik je gegeben worden sind, der weiß gar nicht, daß er sich damit den eigenen Ast absägt. Aber, um im Bild zu bleiben, eben nicht nur den Ast der Theologie absägt, sondern auch den der Anthropologie. Wo alle Metaphysik, alle Religion umgesetzt ist in Psychologie und Ästhetik, da ist das nicht nur ein Problem für die Theologie und die Religion, sondern auch für die Anthropologie und für die Humanität. Bis Nietzsche gab es ja noch einen gewissen Konsens in der

Religionskritik, der da lautete: je weniger Religion, umso mehr Emanzipation, je schwächer Gott, umso stärker der subjekthafte Mensch. Gotteskritik gab sich als Aufklärungsgeschick. Nietzsche hat immerhin die Naivität dieser Religionskritik entlarvt. Für ihn zieht der Tod Gottes auch den Tod des Menschen nach sich, jedenfalls jenes Menschen, wie wir ihn bisher und im Zeitalter der Moderne verstehen gelernt haben, jenes Menschen, den die Aufklärung unterstellte und den sie mit Wahrheitsfähigkeit und moralischen Imperativen ausgestattet hatte. Das sollten die, die von einer Überwindung aller Metaphysik durch Psychologie träumen, ruhig einmal bei dem nachlesen, der diese Verwandlung in seinem Lebenswerk vollzogen hat, nämlich bei Nietzsche. Soll denn auch die Theologie bei einem psycho-poetisch aufgelockerten Darwinismus landen?

Nun ein paar Worte zu Tradition und Traditionalismus. Der Traditionalismus ist in einer gewissen Weise ein modernes Phänomen. Die Gegenaufklärung ist ein Korrelat der Aufklärung, der Fundamentalismus ein Stiefkind der Moderne. Und warum? Weil die Aufklärung in vielem nur abstrakt oder nur halbiert gelungen ist. Weil die moderne Vernunft zu wenig jene Erinnerung geachtet hat, die ihrerseits nochmals die Grundlage jeder Kritik ist, auch jeder Religionskritik. Wir haben so viel Traditionalismus und so viel Fundamentalismus, weil wir so viel halbierte, so viel abstrakte Aufklärung haben, so viel Aufklärung ohne kultivierte Erinnerung. Nur in und mit dieser kultivierten Erinnerung könnte die Aufklärung sich über sich selbst und die in ihr transportierten und verfestigten Widersprüche aufklären. Hier soll man also nicht Ursache und Wirkung verwechseln, wenn man erinnerungsgeleitetes Denken, wenn man anamnetische Vernunft kritisiert.

Religiöse Institutionen, die diesen Namen verdienen, sind traditionsgeprägt. Sie kippen leicht in traditionalistische Attitüden um, weil Tradition als Kultur, als anamnetische Kultur durchaus auch institutionenkritisch wirken kann und wirkt. Wo Tradition und Erinnerung ernstgenommen werden, sind sie für die Repräsentanten dieser Überlieferungen immer auch gefährlich, sie sind, wie ich das oft gesagt habe, gefährliche Erinnerungen, die auf Umkehr und Veränderung gerichtet sind. Es ist gerade, oder realistischer gesagt, es wäre gerade die anamnetische Kultur in der Kirche, die aus der Kirche eine ecclesia semper reformanda macht. Traditionalismus und Fundamentalismus sind nicht etwa dezidierte Ausprägungen dieser anamnetischen Kultur, sondern der Widerspruch zu ihr, der Verrat an ihr.

Auch das Christentum hat eine grundlegende Gedächtnisverfassung, nicht nur das Judentum. Wo die Erinnerung versiegt, rettet auch kein Platonismus oder Idealismus unsere christliche Identität. Daß wir das aus den Augen verloren haben, ist vielleicht die verhängnisvollste Erbschaft unseres christlichen Antijudaismus. Heute ist die Art, wie wir in der Kirche mit Auschwitz umgehen, eine Probe aufs Exempel, ein Anzeichen dafür, ob wir in der Kirche eher mehr Selbstbehauptungstraditionalismus oder mehr beunruhigende Traditionen pflegen, ob wir nur eine kultische Anamnese feiern, in der Eucharistie, oder ob wir auch eine anamnetische Kultur entwickeln, in unserer Lebenswelt.

Die Frage nach der Zeit und das Leiden an Gott

Ihre theologischen Beiträge sind durchsetzt mit zeitdiagnostischen Bemerkungen. Hat das neben den systematisch-theologischen auch persönliche Gründe?

JBM: Das kann ich schon sagen. Bei mir hat das, was man eine antizipierende Imagination nennen könnte, immer schon eine gewisse Rolle gespielt. Immer habe ich mir Vorstellungen von etwas gemacht, was erst schemenhaft, was erst in Umrissen erkennbar war, was noch gar nicht deutlich auf mich zugekommen ist. Dabei kann es um Menschen gehen, um Verhältnisse, aber auch um Gedanken und Ideen. Vielleicht hat das nicht zuletzt mit meiner Vorstellung von Zeit überhaupt zu tun, mit meiner Vorstellung, daß Zeit mit Unterbrechung einhergeht, aber auch mit Flügelschlag und Überraschung. Dieses »Antizipierende« ist manchmal bei mir so stark, daß ich mich frage, ob das vielleicht auch ein Stück Ungeduld ist, ein Stück Gegenwartsangst, ein Stück unglückliches Bewußtsein, ein Stück Unzufriedenheit, vielleicht sogar Feigheit, dem standzuhalten, was zunächst einmal »ist«. Bei einer Kontroverse mit dem verstorbenen Kardinal Höffner hat mich jemand bei ihm verteidigt und gesagt: »Aber der Metz liebt doch seine Kirche.« Darauf soll Höffner geantwortet haben: »Der Metz liebt eine Kirche, die es so noch gar nicht gibt.« Ja, irgendwie lebe ich in einer Luft, die vom Ende her weht. Trotzdem bleiben die Füße auf dem Boden. Und wenn ich von der Zukunftsfähigkeit des Christentums spreche, dann ist das für mich kein leerer, quasi bodenloser Zukunftsoptimismus. Für mich ist die Zukunftsfähigkeit des Christentums deshalb so schwach, weil es so viel Vergangenheit verspielt hat. Mein Blick in die Zukunft ist nicht einfach Flucht, will nicht einfach gewissenlos sein. Er hat, wie gesagt, seine gefährlichen Erinnerungen.

Bei Ihrem Plädoyer für das Erinnern kann man trotz allem die Gegenfrage stellen. Ist Kirche genug »auf der Höhe der Zeit«? Gibt es anstelle der »produktiven Ungleichzeitigkeit« im Umgang mit Tradition, für die Sie eintreten, nicht auch ein Zuviel an unproduktiver Ungleichzeitigkeit?

JBM: Ja, gewiß. Und zuviel ressentimentgesteuerte Rückständigkeit. Mit all ihren sogenannten Ungleichzeitigkeiten wirkt die Kirche meist eher biedermeierisch, nicht als Sprengkraft, die unsere Banalitäten, die wir als »modern« ausgeben, entlarvt und aufsprengt. Was heißt denn das eigentlich, »auf der Höhe der Zeit sein«? Wer definiert diese »Höhe der Zeit«? Bin ich etwa auf der Höhe der Zeit, bin ich gleichzeitig, wenn ich etwa so lebe, wie mir das RTL als way of life vorführt? Bin ich etwa dann »auf der Höhe der Zeit«? Ich finde, es herrschen viele banale Niederungen in dem, was man gern als »Höhe der Zeit« ausgibt, was man als Gleichzeitigkeit anpreist, nicht selten Niederungen weit unter der metaphysischen Würde des Menschen.
Natürlich gibt es seriösere Auskünfte über die »Höhe der Zeit«. Es sind zu viele Bälle im Spiel. Es herrscht viel Turbulenz auf dieser »Höhe der Zeit«, könnte man sagen, viel kopflose Turbulenz, viel Beschleunigung ohne Richtungsangabe. Oder in den Worten von Samuel Beckett: »Irgend etwas geht seinen Gang«. Vermutlich sind das die tieferen Wurzeln für all die Verdrossenheiten, für all die Müdigkeiten und Ressentiments, die wir heutzutage beklagen, vor allem im politischen Leben, aber überhaupt im sozialen Zusammenleben. Wer sich schwertut mit unserer Zeit, bleibt leicht zurück; aber vielleicht ist er der einzige, der wirklich begreift, was los ist.
Das Christentum sollte nicht den Ehrgeiz haben, das gute Gewissen eines höchst mobilen, arrivierten Bürgertums zu sein. Auf solcher »Höhe der Zeit«, in solcher Art Gleichzeitigkeit könnte es leicht überflüssig werden.

Zeit und Zeitdiagnose beschäftigen Sie immer wieder, speziell auch die apokalyptischen Texte der Bibel. In den Großkirchen spielt apokalyptisches Denken und apokalyptisch geprägter Glaube keine wesentliche Rolle – dieses Thema haben Sekten für sich gepachtet. Denken Sie »apokalyptisch«? Wie unterscheiden Sie apokalyptischen Glauben vom Ausmalen von Szenarien des Weltendes?

JBM: Ich habe nie eine Apokalyptik vertreten, die Zeitberechnungen anstellt und versucht, dem lieben Gott in diesem Sinne in die Karten zu blicken. Andererseits bin ich schon der Meinung, daß die moderne Theologie sich von der Tradition der quer durch die Kulturen apokalyptisch wirkenden Sekten zu wenig irritieren läßt. Denn, und dies ist der Basissatz: Nicht nur ein Judentum, sondern auch ein Christentum, das den Blick auf das Ende verloren hat, ist schon jetzt am Ende.

Es mag sein, daß wir uns durch den routiniert durch die Jahrhunderte eingeschliffenen Gegensatz zwischen Judentum und Christentum das haben ausreden lassen, was an apokalyptischer Weisheit in den gemeinsamen biblischen Traditionen vorgegeben war. Die Apokalypse biblischer Traditionen, so schwer sie für uns heute in der Tat zu vermitteln ist, ist keine nervöse oder neugierige Berechnung des Zeitpunktes vom Ende der Welt, sondern ein Wahrnehmen der Welt im Wissen um ihr Ende. Ich meine, daß die mit apokalyptischer Schärfe entwickelte Eschatologie die eigentliche, auch kulturell beschreibbare Mitgift des biblischen Geistes ausmacht. Das ist etwas, was man im mediterranen Kulturbereich nicht gekannt hat, auch in asiatischen Kulturen eigentlich nicht. Diese Beobachtung, die ich zunächst einmal kulturanthropologisch und kulturhistorisch meine, sollte uns doch fragen lassen, ob wir nicht – aus lauter Sorge um Modernitätsverträglichkeit – etwas zu schnell verschleudert oder abgestreift haben, was vielleicht die entscheidende Mitgift für Judentum und Christentum ist.

Umgehen mit dem Ende heißt ja nicht Resignation. Resigniert wird der Mensch vielmehr dann, wenn er vermutet, daß es überhaupt kein Ende mehr gibt. Wenn er also in seinem

Lebensgefühl davon ausgeht, daß er und überhaupt alles hineingerissen ist in das Gewoge einer anonymen, endlosen Weltzeit, die schließlich jeden von hinten überrollt wie die Flut das Sandkorn am Meer. Immer mehr franst unsere Lebenszeit in diese Weltzeit hinein aus. Der osmotische Druck der Evolution auf die Lebenszeit nimmt zu und verschluckt sie in ihre Unendlichkeit hinein, wenn ich so sagen darf. Unsere Lebenszeit verliert ihre Konturen, ihre Endgültigkeit, ihre Besonderheit.

Ich glaube, daß in nahezu allen intellektuellen Diskursen von heute, in die das Christentum verwoben ist, die Frage nach der Zeit, wenn auch oft verborgen, eine Rolle spielt, und daß man die Positionen auf die Differenz bringen kann, ob man Zeit ohne Finale denkt oder mit Finale. Auch das ist wieder aktueller Nietzsche: Das nietzscheanische Zeitbild der ewigen Wiederkehr des Gleichen sitzt ganz tief, und es zeigt sich in den Fluchtversuchen, in denen der Mensch heute Identität, die ihm ja nicht mehr vergönnt zu sein scheint, sucht, in Vorstellungen von Seelenwanderung, Reinkarnation usw. Ich meine, es gehört ungeheuer viel intellektuelle Zivilcourage dazu, eine Zeit mit Finale einzuklagen, eine Zeitvorstellung, die über das Wissen darum, daß das individuelle Leben kurz ist, hinausgeht. Bei eigentlich allen meinen nichttheologischen Gesprächspartnern, bei allen, die sich, wenn ich sie gefragt hätte, für nichtgläubig in unserem Sinn gehalten hätten, bin ich auf ein außerordentliches Interesse für diese Fragestellung gestoßen. Es war immer die Frage: Was könnt ihr uns denn eigentlich sagen? Weiß denn die Theologie etwas, was wir nicht auch schon wissen und woran wir inzwischen nicht schon wieder verzweifelt sind? Zu dem, was die jüdisch-christlichen Traditionen hier authentisch einzubringen hätten, gehört unbedingt das, was man vielleicht apokalyptische Mitgift nennen kann.

Heißt das: Wenn die Zeit kein Ende hat, mag es zwar Religion geben, aber keinen rettenden Gott?

JBM: Ja, genau so ist es. Daß Gott das beendigende Ende ist, ist in meinen Augen ein wichtiges Gottesattribut, gewissermaßen die eschatologische Auszeichnung Gottes. Das heißt freilich auch, daß auch für uns Christen immer noch Auskünfte ausstehen in Sachen Gott. Und das betrifft auch die Christologie. Auch sie muß als negative Theologie verstanden werden können, gerade wenn man aus ihr keine Ideologie machen will.
Manchmal kommt es mir so vor, daß die Sprache der Gebete mehr um dieses Ausständige weiß, sozusagen mehr von negativer Theologie geprägt ist als die offizielle Sprache der Theologie selbst. Ich denke dabei weniger an die liturgische Gebetssprache, eher an die biblische Gebetssprache und an die Art, wie überhaupt in der Religionsgeschichte der Menschheit gebetet wurde und wird. Diese Gebetssprache ist, so scheint mir, weitaus risikofreudiger als der Logos der Theologie. Die Sprache der Gebete kennt die unglaubliche Bandbreite der Verrätselungen der menschlichen Existenz und deren Fragwürdigkeit im Blick auf Gott. Elie Wiesel hat einmal Kafka zitiert, der gesagt hat, er wisse nicht, was Theologie sei, was Reden »über« Gott sei, denn, wenn überhaupt, so könne man doch nur »zu« Gott reden. Hier ist etwas Entscheidendes über den Ursprung der Gottesrede gesagt. Theologie wäre dann eigentlich nichts anderes als reflexive Gebetssprache. Das mag vielen als zu fromm klingen. Aber was heißt das schon? Die Sprache der Gebete, nochmals: aufs Ganze gesehen und nicht nur in Blick auf die vorgesprochenen Gebete, ist zumeist viel dramatischer und viel rebellischer als die ausgleichende, abwägende Sprache der Theologie, wenn sie »über« Gott spricht. Diese Gebetssprache kommt mir viel kompromißloser, viel widerstandsfähiger vor, ohne jede Anpassungsbereitschaft; sie sucht keinen Konsens und keine Zustimmung unter den Menschen, sie endet oft in einem einzigen Schrei oder auch nur in einem lautlosen Seufzer der Kreatur. Diese Sprache hat keine Barrieren. Gott kann man schließlich alles sagen, auch daß man nicht an ihn glauben kann, wenn man denn nur versucht,

es ihm zu sagen. Und in diesem Sinne ist in dieser Sprache sehr viel von dem Wissen enthalten um das, was ich vorhin gesagt habe, daß nämlich in Sachen Gott für uns immer noch etwas aussteht und daß wir davor auch in der Theologie unbedingten Respekt zu haben hätten.

Hier liegt die Wurzel für den Primat der Eschatologie in meinen theologischen Überlegungen, auch sofern ich mich als auf die Christologie verpflichteter Christ weiß. Hier soll der Christologie nichts abgemarktet werden, es soll ihr nur die innere Spannung und Dramatik, die ihr aus den biblischen Zeugnissen eignet, wie ich meine, zurückgegeben werden.

Auch die Theologie hat nicht für alle Fragen eine Antwort, sie ist überhaupt nicht einfach ein Frage-Antwort-Spiel. Dort, wo sie sich richtig versteht, sind alle ihre Antworten so, daß sich in ihnen die Fragen und der Schrei nicht vergessen. Es gibt Fragen, für die sie keine Antwort, aber eine Sprache hat, eine Sprache mit Rückfragen an Gott. So jedenfalls verstehe ich die sogenannte Theodizeefrage.

Diese Art von Theologieverständnis, diese Frageempfindlichkeit der Theologie hat natürlich mit meiner Biographie zu tun, hier schlagen Lebensgeschichte und Glaubensgeschichte ineinander. Wie sollte es auch anders sein? Ich habe in meinem Leben in einem bestimmten Sinne Gott immer vermißt, das würde ich zugeben. Er war mir nie so vor Augen, wie es die Sprache der Theologie zumeist insinuiert. Ich muß Ihnen da wohl etwas aus meiner Jugend berichten, etwas, was ich kürzlich auch in einer Festschrift für den Bischof von Münster geschrieben habe. Es bezieht sich auf eine frühe Erfahrung, auf die Zeit gegen Ende des Zweiten Weltkriegs. Damals wurde ich, als 16jähriger Schüler, noch zum Militär eingezogen. Mit einer Kompanie von lauter jungen Leuten, die mehr oder minder mit mir gleichaltrig waren, wurde ich den andrängenden Amerikanern, die bereits über den Rhein ins Land eingerückt waren, entgegengeworfen. Nachts schickte mich der Kompanieführer zum Bataillonsgefechtsstand. Als ich dann am Morgen, auf dem Weg durch brennende Dörfer und Wäl-

der, zurückkam, fand ich nur noch lauter Tote. Ich konnte ihnen allen nur noch ins tote Antlitz sehen. Und bis heute erinnere ich nichts anderes als einen lautlosen Schrei, in dem vermutlich all meine Kindheitsträume und das, was man »kindliches Vertrauen« nennt, zerfallen sind.
Mit dieser Erfahrung und dieser Erinnerung bin ich später nicht zum Psychologen gegangen, sondern eben in die Kirche. Nicht, um mir von ihr diese Erfahrung und diese Erinnerung ausreden zu lassen, sondern um mit ihr an Gott zu glauben und von Gott zu reden. Ist es da verwunderlich, wenn bereits mein erstes kleines Buch – es hieß »Advent Gottes« und stammt von 1959 – die apokalyptische Metaphorik bemüht? Ist es verwunderlich, wenn ein Anflug von Unruhe und Unversöhntheit in meiner theologischen Sprache hörbar und erkennbar ist? Wenn ich vom Gott-Vermissen rede? Und ich meine, daß es sehr viele Menschen heute gibt, die durchaus solche Vermissenserfahrungen machen und sie in solcher und solcher Sprache oder auch überhaupt nicht ausdrücken. Auch und gerade für sie möchte ich Theologie treiben, für Leute, die keine heilen, unzerstörten Hoffnungsbilder haben, für solche, denen die Kindheitsträume zerfallen sind. Es ist mir sehr wichtig, diese Fragen nicht sozusagen am Rande oder im Vorfeld der »eigentlichen« Theologie apologetisch zu behandeln, sondern sie im Zentrum der Gottesrede auszusprechen. Andere Theologen, die das Leben zwar nicht anderes, aber doch anders zu glauben gelehrt hat, werden auch wieder anders Theologie treiben als ich.

Wie läßt sich unter diesen Prämissen Christologie dann noch formulieren? Folgt der negativen Theologie eine negative Christologie?

JBM: Lassen Sie mich versuchsweise so antworten: Wir bräuchten m.E. in unserer christlichen Theologie ein Stück dessen, was ich seit einiger Zeit Karsamstags-Christologie nenne. Uns ist in der Christologie, wenn ich das so sagen darf, der Weg zwischen dem Karfreitag und dem Ostersonntag abhanden gekommen. Wir haben zuviel reine Ostersonntagschristologie. Ich finde, die Karsamstagsatmosphäre muß innerhalb der Christologie selbst erzählt werden. Längst ist nicht für alle am dritten Tag nach dem Karfreitag schon wieder Ostersonntag. Die Auferweckungserfahrung ist ein höchst ungleichzeitiges Geschehen. Paulus schildert es bekanntlich in seinem ersten Brief an die Korinther. Da sind zuerst die Frauen, die nach Markus wortlos erschrecken; da sind dann Petrus und Johannes, viel später die Jünger auf dem Weg nach Emmaus, zu einer anderen Zeit der Thomas, wiederum später die größere Zahl der Jünger, eine Situation am See, viel, viel später Saulus auf dem Weg nach Damaskus usw. Was ich sagen will: Zur Christologie gehört eine Weggeschichte, es gehören Karsamstagserfahrungen dazu und eben eine Art Karsamstagssprache unserer Christologie, die nicht, wie im Mythos, eine reine Siegersprache ist.

In der Theologie hat man zumeist die eschatologischen Aussagen, die zur Christologie gehören, aus der Christologie herausgenommen und in die Lehre von den letzten Dingen abgeschoben. Die sogenannte Wiederkunftslehre etwa, die freilich von ihrem Terminus her gesehen äußerst mißverständlich, aber keineswegs einfach verzichtbar ist, diese Wiederkunftslehre ist eine Aussage über den Menschensohn und den Christus. Sie gehört also ins Zentrum der Christologie selbst. Das zeigt doch, daß die Theologie in Versuchung ist, alles, was uns in der Christologie zeitlich noch irritieren könnte, das, was ich vorhin den Weg genannt habe, aus ihr herauszunehmen, das Ungesagte über den Gottessohn zu verschweigen.

Es gibt da in meinen Augen noch eine andere Gefahr, die in die gleiche Richtung weist. Je älter das Christentum wird, umso »affirmativer« scheint es zu werden, umso weniger negative Theologie scheint es zu ertragen, umso »geschlossener« sucht es sich durch die Zeit zu retten. Darin liegt für mich eine der Wurzeln für die Ausblendung der Eschatologie und der Apokalyptik aus unserer Christologie. Der Blitz der Gefahr scheint vorüber, die Gewitter ziehen nur noch ab, der Donner hallt nur noch nach, alles Dunkle und Trübe liegt hinter uns. Das Sensorium für das fremde Unglück verkümmert, Glaubensfestigkeit wird unter der Hand zur Verblüffungsfestigkeit, und wer von Verletzbarkeit spricht, scheint nur noch dem Zweifel und der Verzweiflung die Zunge zu lösen. Auf all dies und anderes hinzuweisen, scheint mir dringliche Aufgabe der Theologie. Bei mir, wenn ich das abgekürzt so sagen darf, hängt diese Sicht auf die Situation des Christentums mit meinem späten Erschrecken über Auschwitz zusammen.

An welchen Gott können wir denn noch glauben? Gerade wenn man wirklich ernstnimmt, daß wir »nach Auschwitz« leben? An den liebenden Vater? An den erlösenden Gott? An den leidenden Gott?

JBM: Viele sprechen heute in der Theologie vom leidenden Gott. Ich höre es mit Respekt, vor allem wenn ich da an Formulierungen etwa von Dietrich Bonhoeffer denke. Aber auch an Aussagen bei theologischen Freunden und Weggefährten, bei Jürgen Moltmann z.B. und Dorothee Sölle. Doch ich selbst zögere bei dieser Rede vom leidenden Gott – und ich habe mich ja auch schon des öfteren in kritischem Sinne geäußert. Hier kann ich dazu in aller Kürze nur dies sagen: Die Rede vom leidenden Gott gilt heute häufig als kritische Absage an den allmächtigen Schöpfergott. Man wagt nicht mehr, von Gottes Allmacht zu sprechen angesichts der himmelschreienden Zustände seiner Schöpfung. Wie auch könnte man ihn, wäre er denn allmächtig, anders verstehen denn als apathischen Götzen und als Moloch?
Indes, die vom leidenden und mitleidenden Gott sprechen, unterstellen gleichwohl eine bestimmte Form von Allmacht, nämlich die Allmacht und Unbesiegbarkeit seiner Liebe. Denn wie könnte er Gott sein und bleiben, wie wäre er etwas anderes als die verheißungslose Verdoppelung unseres eigenen Leidens und unserer eigenen Liebe, wenn seine Liebe selbst in diesem Leiden und Mitleiden scheitern könnte? Liegt dann

aber nicht so etwas wie ein semantischer Betrug vor, wenn man, gewollt oder ungewollt, bei Gott von einem Leiden spricht, das eigentlich nicht wirklich scheitern, nicht untergehen kann? Ich habe da meine Bedenken.

Ist es ganz zufällig, daß in der Theologie in geradezu euphorischer Weise vom leidenden und mitleidenden Gott die Rede ist akkurat in einer Zeit, in der Ästhetik und Ästhetisierung so etwas wie eine Schlüsselrolle in unserer intellektuellen Kultur übernommen haben? Anders gefragt: Schlägt bei der Rede vom leidenden Gott nicht so etwas wie eine Ästhetisierung allen Leidens durch? Leiden ist ein negatives Mysterium, das Mysterium des Menschen, das nicht übertragbar ist. Ob wir die Negativität des Leidens nicht unterschätzen? Leiden ist doch in seinen Wurzeln alles andere als ein starkes, gar siegreiches solidarisches Mitleiden. Es ist auch nicht einfach Zeichen und Ausdruck der Liebe, sondern weit eher erschreckendes Anzeichen dafür, daß man auch nicht mehr lieben kann. Leiden führt ins Nichts, wenn es nicht ein Leiden an Gott ist. So, freilich höchst abgekürzt, sehe ich das. Und das ist für mich einer der Gründe, warum ich zögere bei der Rede vom leidenden Gott.

Und was nun die Rede von der Allmacht Gottes angeht, so darf man doch nicht vergessen, daß alle Gottesattribute auch einen eschatologischen Zeitvermerk tragen. Die Vorstellung von einem Schöpfergott in Ruhestellung, der sich gewissermaßen als allmächtiger Gott von oben die Leiden seiner Schöpfung beguckt, ist eine absolut widersprüchliche Vorstellung, die nur zu Zynismus und Apathie führen kann. Aber, wie gesagt, alle Gottesprädikate, alle Seinsaussagen über Gott bis hin zu dem johanneischen Satz »Gott ist Liebe« tragen doch einen Zeitvermerk. Und der zwingt die Theologie, auch von der Schöpfungsmacht Gottes in der Gestalt negativer Theologie zu sprechen. Auch die Schöpfung liegt nicht einfach zuständlich »hinter uns«.

Ich verwende häufig das Wort »Gottespassion«. Ich verstehe es als genetivus objectivus, d.h. als Leidenschaft für Gott und

Leiden an Gott, aber nicht im Sinne des genetivus subjectivus, also nicht als Leiden Gottes selbst. Ich bin da der dezidierte Vertreter einer negativen Theologie, und von der glaube ich, daß sie keinesfalls nur das Hirngespinst intellektueller Phantasien von Theologen ist. Sie ist meines Erachtens die verbreitetste Gottesrede, vor allem wenn wir die Gebetssprache berücksichtigen – und zwar nicht die vorgesprochene, sondern die selbstgesprochene Gebetssprache, bis hinein in die tiefste und radikalste Mystik.

Sie haben auch nach dem erlösenden Gott gefragt. Selbstverständlich ist der Erlösungsgedanke zentral für das Christentum. Er soll auch von mir nicht bestritten werden. Trotzdem möchte ich eine Frage nicht verschweigen, die mich in den letzten Jahren immer intensiver beschäftigt hat. Ich nenne sie, gewiß nicht unmißverständlich, die Frage nach der Gefahr des »soteriologischen Zauberkreises«. Ich formuliere so drastisch, weil ich den Eindruck habe, daß diese Gefahr tief in der christlichen Theologie verankert ist, ja vermutlich mit dem Prozeß der Theologiewerdung des Christentums überhaupt zusammenhängt. Warum? Ich habe den Eindruck, daß die christliche Theologie von Anfang an die die ganzen biblischen Traditionen begleitende Frage nach der Gerechtigkeit für die unschuldig Leidenden zu besänftigen oder stillzustellen versuchte. Sie tat es, indem sie diese Frage nach der Gerechtigkeit für die unschuldig Leidenden in die Frage nach der Erlösung für die Schuldigen verwandelte. Oder anders ausgedrückt: Die Soteriologie sollte die Theodizee einfach ersetzen bzw. überflüssig machen. Auch dazu habe ich mich eigentlich schon ausführlich geäußert, vor allem über die Rolle des Augustinus in diesem Prozeß. All das kann ich Ihnen hier natürlich nicht wiederholen. Aber ich möchte doch auf eine Konsequenz hinweisen, die in diesem Vorgang angelegt ist und die sich im Christentum auch entsprechend ausgewirkt hat.

Aus einer ursprünglich leidempfindlichen Religion wurde eine betont sündenempfindliche, ja vielleicht kann ich sagen sündenüberempfindliche Religion. Die Überstrapazierung des Sündengedankens, ich nenne das zuweilen den christlichen Sündenabsolutismus, der die leidorientierte Moral des Christentums in eine exklusiv sündenorientierte Moral verwandelte, hatte in der Neuzeit bedenkliche Folgen. Der Mensch löste sich und sein Freiheitsverständnis immer mehr vom Schuldgedanken überhaupt. Die Schuldfähigkeit des Menschen, die in den biblischen Traditionen geradezu ein Zeichen der Freiheit des Menschen ist, wird nun zum Antipoden des Freiheitsbegriffs.

Hier liegen wichtige, kaum in Angriff genommene Aufgaben der christlichen Theologie. Wie ist in diesem Zusammenhang die Lehre von der Erbsünde genauer zu verstehen? Und vor allem: Was ist mit der sogenannten Theodizeefrage? Ist sie durch die christliche Erlösungslehre einfach erledigt? Es gibt für mich Rückfragen an Gott, für die ich zwar eine Sprache, aber keine Antwort habe. Dazu gehört für mich die Frage, und sie ist wohl die erste und eigentliche Theodizeefrage: Warum überhaupt die Sünde, warum überhaupt die Schuld? Von Karl Rahner habe ich schon gelernt, daß die geläufige scholastische Antwort (»Gott mußte um der Freiheit willen die Sünde zulassen«) nicht überzeugt. Offensichtlich gibt es für unseren christlichen Glauben auch sündenlose kreatürliche Freiheit. Warum also, oh Gott, überhaupt die sündige, die schuldige Kreatur? Diese Frage soll auch der sterbende Guardini gefragt haben. Ich habe sie mir – als Gebet – zu eigen gemacht.

Leseanregungen zu Johann Baptist Metz

Gott vor uns. Statt eines theologischen Arguments, in: Ernst Bloch zu Ehren, Frankfurt/M. 1965, 227-241.
Zum Begriff Zukunft.

Zur Theologie der Welt, Mainz/München 1968.
Zur theologischen Bedeutung der Säkularisierung und erste Texte zur politischen Theologie.

Gemeinsam mit Jürgen Moltmann und Willi Oelmüller: Kirche im Prozeß der Aufklärung. Aspekte einer neuen »politischen Theologie«, Mainz/München 1970.
Erster Entwurf einer politischen Ekklesiologie.

Unsere Hoffnung. Ein Bekenntnis zum Glauben in dieser Zeit. Beschluß der Gemeinsamen Synode der Bistümer in der Bundesrepublik Deutschland, Bonn 1975.
Vorlage verfaßt von J.B. Metz. Der Beschlußtext enthält Änderungen und Ergänzungen aus der Synodendiskussion. Nach wie vor ein charakteristischer und zentraler Text für die Theologie von Metz.

Zeit der Orden? Zur Mystik und Politik der Nachfolge, Freiburg 1977.
Zur spirituellen und theologischen Bedeutung der Nachfolge für Christsein in heutiger Zeit, über die Orden hinaus.

Glaube in Geschichte und Gesellschaft. Studien zu einer praktischen Fundamentaltheologie, Mainz 1977.
Systematisch-theologisches Hauptwerk. Klärung der Grundbegriffe und Standortbestimmung der Theologie von Metz.

Jenseits bürgerlicher Religion. Reden über die Zukunft des Christentums, Mainz/ München 1980.
Reden zur Theologie nach Auschwitz, bürgerlicher Religion und zur Basiskirche.

Unterbrechungen. Theologisch-politische Perspektiven und Profile, Gütersloh 1981.
Thesen zur Apokalyptik, Portraits und andere Beiträge.

Unterwegs zu einer nachidealistischen Theologie, in: Johannes B. Bauer (Hg.), Entwürfe der Theologie, Graz/Wien/Köln 1985, 203-233.
Gute und leicht verständliche Einführung in Motive und Optionen der Theologie von Metz.

Thesen zum theologischen Ort der Befreiungstheologie, in: Johann Baptist Metz (Hg.), Die Theologie der Befreiung: Hoffnung oder Gefahr für die Kirche?, Düsseldorf 1986.
Zur Auseinandersetzung mit der lateinamerikanischen Theologie der Befreiung.

Gemeinsam mit Franz-Xaver Kaufmann:
Zukunftsfähigkeit. Suchbewegungen im Christentum, Freiburg 1987.
Zur »polyzentrischen Weltkirche« und der Rede vom »Tod des Subjekts«.

Theologie versus Polymythie oder: Kleine Apologie des biblischen Monotheismus, in : Odo Marquard (Hg.), Einheit und Vielheit (14. Deutscher Kongreß für Philosophie), Hamburg 1988.
Zum »postmodernen« Denken und der Bedeutung biblischen und geschichtlichen Glaubens.

Gemeinsam mit Hans-Eckehard Bahr:
Augen für die Anderen. Lateinamerika – eine theologische Erfahrung, München 1991.
Zur »Kirche der Armen« – Reiseberichte und Reflexionen.

Gemeinsam mit Tiemo Rainer Peters:
Gottespassion. Zur Ordensexistenz heute, Freiburg 1991.
Bejahung von Religion, Verleugnung Gottes – christliche Existenz heute.

Theologie als Theodizee?, in: Willi Oelmüller (Hg.), Theodizee – Gott vor Gericht?, München 1990, 103-118.
Über das Leiden, das Leiden an Gott und die Frage nach dem Ende der Zeit.

Elie Wiesel

Biographische Notizen

Seit er Sighet verlassen habe, schreibt Elie Wiesel, habe er nichts anderes getan, als von Sighet zu erzählen, die Stadt, die ihm alles gegeben und alles genommen hat. Diese »kleine, staubige Stadt, irgendwo im fernen Siebenbürgen, im Schatten der Karpaten« war die Heimatstadt von zehntausend Juden, ein ostjüdisches Schtedl, stark vom Chassidismus geprägt, bevor es mit Stumpf und Stiel vernichtet wurde. Die chassidische Bewegung, die sich im 18. und 19. Jahrhundert wie ein Flächenbrand im Judentum Osteuropas verbreitete und den verfolgten, gepeinigten Juden Hoffnung, Gemeinschaft und Lebensfreude zurückgab, hatte auch in Sighet tiefe Spuren hinterlassen. Der im Jahre 1925 geborene Wiesel, dessen Eltern Schlomo und Sarah ein kleines Lebensmittelgeschäft betrieben, lebt ganz in der Welt der Bücher, Erzählungen und Gebete, die jener »religiöse Humanismus« hervorbrachte. Sein Großvater Dodje Feig erzählt ihm die Geschichten der alten Meister wieder und wieder. Er findet seine ersten Lehrer, Talmudisten und jüdische Mystiker, die ihn in den Reichtum der Überlieferung und in die Geheimnisse der Kabbala einführen.

Eines Morgens, der Junge will soeben seine Gebetsriemen anlegen, um die traditionellen Morgengebete zu verrichten, sind Schreie auf der Straße zu hören: »Juden raus! Verlaßt eure Häuser!« Die Vertreibung der Juden des Ortes hatte begonnen. Spät, im Sommer 1944 erst, fingen die Nazis mit Hilfe der örtlichen Polizeikräfte damit an, die »Endlösung« auch in Sighet durchzusetzen. Die Juden der Stadt saßen in der Falle.

In verplombten Viehwaggons zu einer kleinen Bahnstation jenseits der Karpaten verschickt – eine Endstation –, konnten die, die an den Gitterfenstern standen, den Namen des Ortes entziffern: »Auschwitz« – Keiner, schreibt Wiesel in seinem autobiographischen Bericht über die Lager, keiner hatte den Namen je gehört.
Von seiner Mutter und seiner kleinen Schwester Tsipora wird er auf der Selektionsrampe für immer getrennt, mit seinem Vater zusammen muß er das »Königreich der Nacht« erleben, in welchem sie aller menschlichen Würde beraubt werden. Nachdem sein Vater im Konzentrationslager Buchenwald, wohin die letzten Auschwitz-Häftlinge gegen Ende des Krieges verlagert wurden, an Krankheit, Schwäche und Mißhandlung gestorben ist, wird der Sechzehnjährige von den amerikanische Truppen im April 1945 befreit, kommt nach Frankreich und beginnt alsbald das Studium der Philosophie, Psychologie und Literatur in Paris. »Ich wollte den Sinn der Ereignisse begreifen, deren Opfer ich geworden war«, legt er später einer seiner Romanfiguren in den Mund, der, wie alle Hauptpersonen in seinen Erzählungen, Überlebender der Judenvernichtung ist. Gleichzeitig setzt Wiesel sein Studium der hebräischen Schriften fort, von einem mysteriösen Talmud-Lehrer angeleitet.
Alles jedoch hat sich verändert. Der naive Zugang zu Gott ist versperrt, der Glaube an den Menschen erschüttert. Kaum fähig, Beziehungen aufzunehmen, lebt er fast abwesend vor sich hin, von Erinnerungen geplagt. Seinen Lebensunterhalt bestreitet er mehr und mehr durch journalistische Arbeiten, die ihm schließlich ausgedehnte Reisen ermöglichen. Über seine Erfahrungen indes kann er zehn Jahre lang nicht sprechen. Kein Wort über Auschwitz. Nach zehn Jahren betritt er die Literatur durch die Tür des Schweigens.
Wiesels Schriften sind tief von der jüdischen Tradition beeinflußt. Alles, was er bis heute schreibt, schreibt er als Jude. Sein erstes und wichtigstes Buch »Nacht«, der Bericht über die Erlebnisse im Reich der Stacheldrähte, »jenes verdammte,

unmenschliche Reich, wo der Tod am laufenden Band produziert wurde wie in anderen Fabriken Zahnpasta«, wird zum Grundstein seines weiteren Schaffens. Ohne diese alles prägende und umstürzende Erfahrung sind Werk und weitere Biographie Elie Wiesels nicht zu verstehen. Die Einflüsse des französischen Existentialismus und Humanismus, die Wirkung der Lektüre Franz Kafkas, der Rückgriff auf biblische, talmudische, kabbalistische und chassidische Motive – sie alle erfolgen über den Abgrund der Schoah hinweg, der Massenvernichtung der Juden unter dem Nationalsozialismus.

Auch die Frage nach Gott erfährt eine beträchtliche Verschärfung: In Wiesels Werk ist sie stets Frage an Gott: Wo warst Du, als Deine Kinder Deiner am meisten bedurften? Wie kannst Du, Gott, es zulassen, daß der Mensch Deine Schöpfung besudelt? In sein hiobgleiches Ringen mit Gott nimmt der Überlebende die Schreie der Opfer hinein, die sie angesichts eines »nur in seiner Grausamkeit gottähnlichen Menschen« unter einem schweigenden Himmel ausgestoßen haben.

Und trotzdem ... Eines der wichtigsten Worte im Werk Wiesels ist dieses »Und trotzdem«. Trotz der Verzweiflung über jenes Ereignis, in der Verzweiflung findet er eine Quelle für das Vertrauen in Mensch und Gott, die nicht im Vergessen des Grauens, sondern gerade in seiner Erinnerung liegt. Die Toten der Verbrennungsöfen haben keinen Friedhof gefunden, ihre Körper haben sich in Spiralen von Rauch verwandelt, ihr einziger Ort ist das Gedenken der Überlebenden und Nachgeborenen. Wenn sie vergessen, töten sie ein zweites Mal. Bleiben die Opfer im Gedächtnis des Menschen, hat er – vielleicht – die Kraft, Gegenwart und Zukunft menschlicher zu gestalten als er es in Vergangenheit tat.

Erinnerung wird zum roten Faden des fiktiven wie des essayistischen Werks, der Dramen wie der Schriften über jüdische Meister und Legenden. Sie durchzieht sein Engagement für Menschenrechte in aller Welt. Als Anerkennung erhält er 1986 den Friedensnobelpreis. Das Nobelkomitee begründet seine Entscheidung mit den Worten: »Elie Wiesel ist einer der wich-

tigsten geistigen Führer und Wegweiser unserer Zeit. Seine Worte verkünden die Botschaft des Friedens, der Versöhnung und der Menschenwürde.«
Aber auch diese Botschaft ist sich der Gefahr bewußt, die über ihr schwebt: Das Gedächtnis der Menschheit kann erlahmen, die Erinnerung früherer Leiden verlorengehen. Wiesels jüngster Roman, der bislang letzte von zehn, reißt mitten in der Erzählung jäh ab. Am Ende steht ein halbfertiger Satz – ohne Punkt. Der Bericht des Vergessenden, eines Überlebenden von Auschwitz, der von der Krankheit des Vergessens heimgesucht ist, bleibt unvollendet. Die brennende Frage, die das Buch beherrscht und die als Leitfrage über dem Gesamtwerk Elie Wiesels steht, lautet: Was geschieht, wenn die Zeugen ihre Botschaft nicht mehr übermitteln können und wenn ihre Worte ungehört verhallen?

R.B.K.

Jude sein – Hoffnung aus Erinnerung

Am Ende der Originalausgabe Ihres ersten Buches, »Nacht«, die unter dem Titel »Un di Welt hot geschwign« in Jiddisch erschienen ist, schreiben Sie, Sie hätten nach Ihrer Befreiung aus dem Konzentrationslager Buchenwald einen Spiegel zerbrochen, um sich dem Blick und der Macht des Todes zu erwehren und wieder zu den Lebenden zu gehören. War es wert, den Spiegel zu zerbrechen?

EW: Diese Frage habe ich mir schon damals gestellt, und die Antwort heute ist Ja. Dennoch bleibt die Frage. Stets, wenn ich in einen Spiegel blicke, muß ich mir diese Frage stellen. Wenn ich mich in der Welt umsehe, sehe ich nichts als Hoffnungslosigkeit. Und trotzdem: Ich muß, wir alle müssen versuchen, eine Quelle für die Hoffnung zu finden. Wir müssen dem Menschen zum Trotz an den Menschen glauben.

Sie wissen, ich bin Jude, und zwar ganz und gar. Mein Leben, meine Träume sind jüdisch. Deshalb sind meine Quellen die biblischen Schriften, die Tora, Hiob, die Propheten, aber auch die Schriften rabbinischer Meister, der Talmud und andere. Da ich ein Kind des Chassidismus bin, schöpfe ich auch aus der jüdischen Mystik. Mystik bedeutet für mich, nach der inneren Wirklichkeit der Wirklichkeit zu suchen. Sie offenbart die Existenz einer anderen Wirklichkeit als der oberflächlichen, eine tiefere, ewige Realität.

Der Chassidismus will die Menschen näher zusammenbringen, um sie näher zu Gott zu führen. Wie die jüdische Mystik ist er eine Bewegung, die nach Erlösung sucht, auf die Erlösung zustrebt, und zwar auf eine kollektive Erlösung. In anderen Religionen und deren mystischen Zweigen, wie zum Beispiel im Sufismus, der islamischen Mystik, geht es um die persönliche, individuelle Rettung. In der jüdischen Tradition dagegen geht es stets um die Gemeinschaft.

Ist es vor allem die jüdische Tradition, die Sie beeinflußt hat, oder liegen Ihre Fundamente auch im Humanismus?

EW: Ich ziehe meine Kräfte nicht allein aus den schriftlichen Quellen, die Kraft kommt aus unserem menschlichen Verhalten. Und deshalb kommt sie von unseren Mitmenschen, vor allem von Kindern. Wenn ich Kinder beobachte, bin ich äußerst empfindsam. Kinder können mich verzweifeln lassen. Oder sie können meine Verzweiflung vertreiben. Wenn ich Kinder leiden sehe, spüre ich, daß ich alles in der Welt tun muß, um ihr Leiden zu beenden, und ich würde es tun. Dann entdecke ich in mir eine Kraft, von der ich nicht einmal wußte, daß sie existiert; sie kommt von den Kindern. Von allen Kindern übrigens, nicht nur von den jüdischen. Natürlich auch von jüdischen Kindern, denn ich bin Jude. Es können Kinder von überall her, aus allen Ländern der Erde sein. Als ich die Kinder von Biafra sah, die hungernden Kinder, war ich zu Tränen und Taten bewegt. Als ich die Kinder von Äthiopien sah, war ich zu Taten und Tränen bewegt.
Stets sind es Kinder. Der Schlüssel zu meinem Werk und der Schlüssel zu meinem Leben sind Kinder. Ich werde niemals, niemals akzeptieren, wenn Kinder auf dieser Welt dem Hunger, der Verfolgung und der Demütigung unterworfen sind. Die jüdischen Kinder waren immer bedroht, von den ersten Anfängen an vor viertausend Jahren in Ägypten. Die Kinder waren die ersten, die der Pharao im Meer ertränken wollte. Und seit jenen Tagen sind, wenn Juden bedroht werden, stets zuerst die Kinder bedroht, überall. Wenn ich an diese Bedrohung denke, denke ich natürlich auch an die Konzentrationslager: Wir haben mehr als eine Million Kinder verloren. Das ist etwas, das ich nie begreifen werde: Wie kann die Welt fortfahren, Kinder zu quälen? Das übersteigt meine Vorstellungskraft. Und deshalb, immer wenn ich heute ein Kind sehe, sehe ich es nicht allein, sondern umgeben von den anderen Kindern, die verschwunden sind.

Aus diesem Grunde ist in bezug auf meine Grundlagen mein Judesein und mein Menschsein dasselbe. Der Jude in mir ist ein menschliches Wesen, und der Mensch in mir ist ein Jude. Ich sage zu Ihnen das, was ich zu vielen jungen Menschen sage: Ich glaube nicht an rassische, ethnische oder religiöse Überlegenheit. Ich glaube niemals, daß meine Religion der christlichen Religion überlegen ist. Ich glaube nicht, daß es ein Volk auf der Welt gibt, das anderen Völkern überlegen ist.
Ich bin als Jude geboren. Deshalb ist das Judentum, die jüdische Tradition für mich mein Leben. Durch mein Jüdischsein kann ich menschlich sein. Ich würde erwarten, daß Sie das gleiche für Ihr Verhältnis zu Ihrer Religion sagen können. Aber das Schlüsselwort hierbei ist Toleranz. Ich möchte so offen wie möglich sein für den Islam, für das Christentum oder für irgendeine Überzeugung irgendeines Menschen, und ich hoffe ernsthaft, daß ich offen bin. Ich wünsche mir, daß jede Person ebenso mit mir umgeht.

Gibt es eine Chance für das friedliche Zusammenleben der Weltreligionen, oder, um konkreter zu sein, zwischen Judentum und Katholizismus?

EW: Die zweite Frage ist die einfachere. Ich studiere die Geschichte der Religionen, die Philosophie der Religionen, denn ich komme aus einem stark religiös geprägten Umfeld. Als ich ein kleiner Junge war, habe ich nichts anderes getan, als Talmud und Bibel zu studieren. Wenn ich zum Lernen ging, vergaß ich alles andere. Deshalb studiere ich noch heute, und ich habe auch den Katholizismus studiert. Es gibt Zeiten in der katholischen Geschichte, die mein Volk betrafen und die für mein Volk nicht besonders glücklich waren. Die Inquisition in Spanien, ich kann sie nicht verstehen, bis zum heutigen Tag kann ich sie nicht verstehen. Denken Sie nur an Dostojewski, dort gibt es eine beeindruckende Passage über den Großinquisitor. Der Großinquisitor, der meint, alles, was er tut, sei für Christus. Schließlich kommt Christus zu ihm, doch

er jagt ihn davon und sagt: »Du störst mich. Verschwinde!«
Ich kann nicht verstehen, wie im Namen der Liebe, im Namen der Liebe zu Gott, Menschen verfolgt und verbrannt werden können. Ich kann es einfach nicht verstehen.

Ebensowenig verstehe ich die Kreuzzüge. Am Anfang der Kreuzzüge stand vielleicht eine gute Idee – vom katholischen Standpunkt aus gesehen: nach Jerusalem zu ziehen und die Heiligen Stätten zu retten. Aber auf dem Weg dorthin töteten sie Juden. Immer. Sie hatten mit den Juden nichts zu tun, aber sie töteten Juden. Ich kann es nicht verstehen.

Ich möchte Ihnen noch etwas weiteres erzählen, das Sie vielleicht schmerzt. Ich schulde Ihnen meine Aufrichtigkeit. Als Jude fühle ich, was mein Volk empfindet. Ich versuche es zu überschreiten und auch zu fühlen, was Sie fühlen. Aber das beste Beispiel ist das Kreuz. Das Kreuz ist für Sie ein Symbol der Liebe und des Mitleids. Nicht für mein Volk. Denn es gab Zeiten – natürlich nicht heute –, aber es gab Zeiten, in denen das Kreuz für mein Volk Leiden und Grausamkeit symbolisierte, ja verkörperte. Heißt das nun, daß die Christen heute dafür verantwortlich sind? Gott behüte! Was in der katholischen Geschichte vor Jahren und Jahrhunderten geschah, ist nicht Ihr Werk. Deshalb kann ich mit Ihnen in ein offenes Gespräch treten.

Zum ersten Teil der Frage, der Gemeinschaft der Religionen, wünsche ich, ich könnte optimistischer sein. Ich glaube, eines Tages wird der Messias kommen, und dann werden alle Menschen allen anderen Menschen glücklich in den Armen liegen. Aber bis dahin? Bis dahin gibt es so viele Probleme, religiöse, ökonomische, politische und ökologische. Zeigen Sie mir ein menschliches Wesen, das keine Probleme hat. Es gibt keines. Ich glaube auf der anderen Seite, daß es Fortschritte gibt. Der ökonomische Fortschritt erfolgt weltweit. Mehr und mehr Juden und Katholiken begegnen einander. Mehr und mehr Juden und Christen begegnen einander. Und Muslime. Das ist äußerst wichtig. Wir sollten einander begegnen und miteinander unsere Vergangenheit und unsere Gegenwart diskutieren

– ohne jedes Vorurteil. Ohne jede Verzweiflung. Denn allein die Tatsache, daß wir einander begegnen können, ist ein Zeichen von größter, unermeßlicher Hoffnung.
Sehen Sie, oberflächlich gesehen gibt es viel, was uns trennt, Sie, als christliche, junge Deutsche, und mich. Nicht nur Alter und Sprache, sondern Geschichte. Ich gehöre zu einem Volk, das von der Hand Ihres Volkes sehr viel Leid erfahren hat. Ich erinnere mich daran, und Sie sollten sich ebenso erinnern. Das heißt nicht, das sollte nicht heißen, daß wir nicht eine leidenschaftliche Beziehung aufbauen können. Ich glaube nicht – das werde ich bis ans Ende meines Lebens wiederholen –, ich glaube nicht an Kollektivschuld. Ich habe nie daran geglaubt, und ich werde nicht daran glauben. Ich werde den Gedanken der Kollektivschuld niemals akzeptieren. Nur die Schuldigen sind schuld. Nur die passiven Zuschauer haben irgendwie, irgendwo – auf einer anderen Ebene – Anteil an dieser Schuld. Sie haben mit der gleichen Frage zu ringen wie ich: Was machen wir aus unserer Vergangenheit? Für Sie, dessen bin ich sicher, ist sie eine Last. Für mich nicht. Meine Vergangenheit bedeutet etwas anderes für mich. Ich trage sie. Ich empfange sie. Ich möchte, daß sie mehr und mehr Bewußtheit, Bewußtsein wird, daß sie für mich als Schriftsteller, wenn möglich, sich in einen Akt der Kreativität verwandelt; wenn ich ein Musiker wäre, würde ich sagen: in Musik. Eines ist klar für mich: Ich muß die Bilder von gestern nehmen, und sie in eine Brücke, in eine Verbindung verwandeln, eine flammende Verbindung. Und diese Verbindungen sollten mich nicht von Ihnen trennen, sondern im Gegenteil, mich ihnen näher bringen, und, so hoffe ich, auch näher zu mir.

Sie sprechen von der Erinnerung an die Ereignisse der Vergangenheit. Welchen Platz nimmt sie in ihrem Werk ein?

EW: Ich habe viele Bücher geschrieben, manche würden sagen, vielleicht zu viele. Ich habe über die Bibel geschrieben, und ich habe über den Talmud geschrieben. Ich habe über den

Chassidismus und über Jerusalem geschrieben. Ich habe über so viele Themen geschrieben, daß ich mir vor wenigen Jahren eines Morgens plötzlich die Frage stellte: Was haben all meine Bücher gemeinsam? Sie erzählen von so verschiedenen Zeiten, so verschiedenen Themen, Gegenständen, die einander so fern sind – was haben sie gemeinsam? Ihre Gemeinsamkeit ist die Verpflichtung zur Erinnerung. Wenn ich von der Akedah, der biblischen Bindung Isaaks, spreche, oder wenn ich vom Gründer des Chassidismus, dem Bescht, dem Meister des Heiligen, des Guten Namens, berichte, oder wenn ich von Jerusalem erzähle oder – selten – von unserer Tragödie, dann ist es die Verpflichtung zur Erinnerung, die mich treibt, die Feder in die Hand zu nehmen und ein Wort nach dem anderen zu schreiben. Ich frage mich, was das Gegenteil von Erinnerung ist. Das Gegenteil von Erinnerung ist die Krankheit des Vergessens, das, was man heute Alzheimersche Krankheit nennt. Deshalb habe ich einen Roman über sie geschrieben. Ich muß Ihnen sagen, es ist eine der traurigsten Geschichten, die ich je geschrieben habe. Ich habe viel über diese Krankheit studiert. Ich bin Kranken und ihren Familien begegnet: Es gibt keinen Ausweg aus ihr. Zorn kann kreativ sein. Zorn kann den Anfang einer Entwicklung darstellen. Alzheimer oder Vergessen ist das Ende.

Aus diesem Grunde ist meine Botschaft eine ganz einfache: Kämpfen Sie niemals gegen Erinnerung. Selbst wenn sie schmerzhaft ist, wird Sie Ihnen helfen, sie wird Ihnen etwas geben, wird Sie bereichern. Schließlich, was wäre Kultur ohne Erinnerung? Was wäre Philosophie ohne Erinnerung? Was wäre Liebe zu einem Freund, zu einer Freundin, ohne die Erinnerung jener Liebe am nächsten Tag? Man kann nicht ohne sie leben. Man kann nicht ohne Erinnerung existieren.

Literarische und religiöse Lehrer

Sprache ist für Sie das Medium der Erinnerung. Wer war Ihr literarischer Lehrer?

EW: Ich habe keinen einzelnen Lehrer für die Art, wie ich schreibe. Es ist die Summe, die Gesamtheit vieler Schriften, die Einfluß auf mich ausübten: Es sind biblische Schriften, wegen der Dichte der Sätze und der Konzentration auf einzelne Gedanken; es sind antike Werke der Griechen und Lateiner ebenso wie der Talmud und Erzählungen chassidischer Meister. Auch von moderner Literatur habe ich viel gelernt, von jedem Schriftsteller ein bißchen. Wenn ich Kafka lese, übt er den Haupteinfluß auf mein Schreiben aus, wenn ich Dostojewski oder Thomas Mann lese, tun sie es.
Dennoch, der Jude Kafka hat mich besonders geprägt. Ich erinnere mich, wie ich Kafka entdeckte. Ich war Student in Paris im Jahre 1946. Ein Bekannter gab mir ein Buch von Kafka, das erste, das ich von ihm las. Es war »Der Prozeß«. Am Abend begann ich damit, zu lesen, und ich las die ganze Nacht hindurch. Üblicherweise kommt in Paris morgens um sechs Uhr die Müllabfuhr und macht einen schrecklichen Lärm. Jeden Tag war ich wütend auf sie, nicht nur auf sie, sondern auf die ganze Welt. Aber an jenem Morgen, als ihr Lärm zu mir ins Zimmer drang, wäre ich am liebsten hinunter gerannt, hätte die Tür aufgerissen, wäre auf die Straße hinausgestürmt und hätte die Leute von der Müllabfuhr umarmt, allein, weil sie mich daran erinnerten, daß es noch eine andere Welt gibt, draußen, außerhalb der Welt Kafkas. – Ich halte Kafka für einen der größten Schriftsteller unseres Zeitalters. Er hat die Literaturgeschichte in ein Vor-Kafka und ein Nach-Kafka eingeteilt.

In Ihrem Roman »Abenddämmerung in der Ferne« gibt es eine Reihe von Anspielungen auf Kafkas Literatur. Steht die

Gebirgsklinik, um die sich die Handlung dreht, in einem Zusammenhang mit Kafkas »Schloß«?

EW: Nein, sicher nicht. Vielleicht unbewußt, wer weiß. Einige Kommentatoren bringen sie in Verbindung mit Thomas Manns »Zauberberg«, aber auch dies gilt auf bewußter Ebene nicht. Dieser Roman ist von Kafka wie von Thomas Mann beeinflußt, so ist es schon möglich, daß das »Schloß« in irgendeiner Weise darin integriert ist. Aber dennoch: Bei Kafka wissen wir nicht, was im »Schloß« geschieht. In meinem Roman weiß man nicht, was außerhalb der Klinik, des Irrenhauses, geschieht. Im »Schloß« gelangt Kafka zur Tiefe der Verzweiflung, zum Innersten der Absurdität. Kafkas Problem war das der Absurdität. Ich glaube nicht, daß dies mein Problem ist. Meines ist Ungerechtigkeit. Mich beschäftigt nicht die Absurdität der Existenz, sondern die Ungerechtigkeit menschlicher Existenz. Manchmal ist die Absurdität ungerecht – aber nicht jede Ungerechtigkeit ist absurd.

Auch Camus hat Sie beeinflußt, dessen Werk dem Absurden und gleichzeitig der Ungerechtigkeit gewidmet ist.

EW: Ja, von Camus habe ich viel übernommen, vor allem seine Konzentration auf soziale Probleme und sein Engagement für die Menschlichkeit. Was mich jedoch erschüttert, ist folgendes: Vor einiger Zeit sind in Frankreich die letzten Tagebücher von Camus erschienen. Die letzten sechs Jahre seines Lebens war er unsäglich traurig, ist er der Verzweiflung verfallen, fast der Depression. Warum war er, der am besten und reinsten das verkörpert, was wir einen Humanisten nennen, so verzweifelt am Ende seines Lebens?

Neben dem Humanismus stehen, wie Sie sagten, die jüdischen Einflüsse. Irgendwo schreiben Sie, daß Sie im Paris der Nachkriegszeit den gleichen Talmud-Lehrer hatten wie Emmanuel Lévinas.

EW: Das ist richtig. Lévinas und ich kennen uns gut, wir sind uns sehr nahe. Wir hatten jahrelang den gleichen Lehrer, Harav Shoushanie, wir hatten jedoch nicht zusammen Unterricht. Wir kannten uns nicht. Ich war sein Schüler und noch sehr jung. Auch Lévinas, der älter ist als ich, war sein Student, Schüler eines großen, aber verrückten Meisters. Der Unterschied zwischen Lévinas und mir ist: Lévinas ist kein Kabbalist, er ist ein Rationalist. Ich selbst bin Schüler der Kabbala, der jüdischen Mystik; ich würde nicht sagen, ich sei ein Kabbalist, aber eben ein Schüler der Kabbala. Ich liebe die Kabbala. Ich liebe sie wegen ihrer Schönheit, und es findet sich ein großes Maß an Schönheit und an Wahrheit in ihr. Die Kabbala ist ein kreativer Weg nicht nur zum Leben, wie es ist, sondern zum Leben, wie es in der Vorstellung des Mystikers aussehen könnte. Der Kabbalist ist nicht in die Geschichte verstrickt, im Gegenteil, er möchte sie überwinden. Gershom Scholem hat es aufgezeigt: Kabbala ist entweder, das Geheimnis des Anfangs zu verstehen, oder das Ende der Geschichte herbeizuführen, den Messias. Kein Rationalist kann so denken. In der Kabbala gibt es die Idee des »Springens«, man kann aus einer rationalen Untersuchung heraushüpfen. Das ist der Unterschied zum Talmud. Der Talmud ist rational, die Kabbala ist es nicht. Im Talmud findet sich stets die Aufforderung: »Komm und höre!« In der Kabbala steht: »Komm und sieh!« Dort findet sich vertikales Denken, im Gegensatz zu horizontalem.
In Blick auf mein eigenes Werk kann ich sagen, daß ich viel mehr der Kabbala verpflichtet bin als dem Rationalismus, denn ich bin der Überzeugung, daß das, was in Auschwitz geschehen ist, ein Ergebnis des Rationalismus ist. Die tiefe Bedeutung des Ereignisses, womit ich die Schoah meine, ist jenseits der Vernunft. Wir können heute verstehen, wie es geschah, denn wir kennen die Vergangenheit. Es war eine Unterbrechung der Geschichte, was nicht heißt, daß es jenseits der Geschichte liegt. Auschwitz fiel nicht vom Himmel. Lesen Sie beispielsweise Luthers Aussagen über die Juden oder denken Sie an andere geschichtliche Zeugnisse.

Es gibt viele Parallelen zwischen Ihnen und Lévinas – sind Sie von ihm beeinflußt?

EW: Nein, man kann nicht von Einfluß sprechen. Ebenso hat mich Martin Buber nicht beeinflußt, und dennoch gibt es Parallelen. Wir schöpfen aus ähnlichen Quellen, den Quellen des Judentums, und jeder versteht sie auf seine Weise, wobei es natürlich zu Gemeinsamkeiten kommt. Lévinas und ich sind uns, wie gesagt, sehr nahe, und wir sehen uns hin und wieder in Paris, wir sollten uns viel öfters treffen. Er kommt jedoch nicht aus der chassidischen Tradition, mehr noch, aus einer anti-kabbalistischen Bewegung im osteuropäischen Judentum, dem litauischen Rationalismus. Zwar scheinen kabbalistische Motive im Werk von Lévinas vorhanden zu sein, und als jüdischer Denker kann er sich dem Einfluß der Kabbala, ihrer Ausstrahlung nie ganz entziehen. Aber jene Motive tauchen auch in anderen Strömungen des Judentums auf, in der jüdischen Philosophie zum Beispiel bei Maimonides. Maimonides war kein Kabbalist. Ich glaube zwar, daß er trotzdem ein Mystiker war, aber wahrscheinlich bin ich der einzige mit dieser Überzeugung.

Kann man nach Auschwitz ungebrochen auf die jüdische Mystik, die Kabbala, zurückgreifen, auf die Sie sich so oft berufen?

EW: Ich bin nicht sicher, ob es eine Verbindung zwischen der Kabbala und Auschwitz gibt. Die einzige Verbindung könnte eine mystische sein. Auschwitz kann nur die absolute Offenbarung von etwas Absolutem sein, dem absolut Bösen. Ich habe Auschwitz bisweilen mit der Offenbarung am Sinai in Verbindung gebracht, der Übergabe der Tora. Auschwitz hat eine immense Wirkung, es veränderte die Menschheit, die Geschichte, die Wahrnehmung der Menschen, die Bedeutung bestimmter Worte, die wir nicht mehr verwenden können, die Anerkennung von Grenzen und die Abwesenheit von Grenzen in Blick auf Menschen, ob sie gut oder böse sind. Dies alles ist eine Kabbala. Die Kabbala spricht von Grenzenlosigkeit, und hier haben wir Grenzenlosigkeit. Mit Erschrecken stellen wir fest, daß es nicht nur im Guten Grenzenlosigkeit gibt, sondern auch im Bösen. Deshalb ist beides nahe zusammen, und ich glaube an eine Verbindung von Kabbala und Auschwitz. Das heißt nicht, daß ich verstehen kann, was geschah, aber ich kann es umfassen.

Gibt es eine Verbindung zu kabbalistischem Gedankengut, wenn Sie die Unverstehbarkeit von Auschwitz betonen?

EW: Ich verwende mystische Zeichen und mystische Symbole in dem, was ich schreibe. Dennoch habe ich nicht sehr viel über die Verbindung von traditionellen Konzepten und der Massenvernichtung geschrieben. In der Kabbala gibt es eine Vorstellung namens Zimzum, was Zurückziehen bedeutet. Gott mußte sich, um etwas erschaffen zu können, zurückziehen. Damit wir leben können, mußte er sich selbst beschränken, sonst hätte er sein Licht nicht ausströmen lassen können. In gewisser Weise trifft dies auch für das Schreiben über jene Periode zu. Man muß die Sprache zurückziehen, damit sie ein Mittel der Kommunikation werden kann. Solche Symbole und Konzepte tauchen in meinen Schriften auf, aber den nächsten Schritt kenne ich nicht. Ich kann niemals sagen, ich könnte aufgrund der Kabbala Auschwitz verstehen. Niemals. Je weiter ich gehe, desto weniger verstehe ich.

Sprachunterbrechung – die Erfahrung von Auschwitz

Durch die Schoah hat sich die Sprache, die religiöse und die literarische, verändert. An einer Stelle schreiben Sie, daß die Worte nach Auschwitz ihre Unschuld verloren haben. Für immer?

EW: Als Jude glaube ich an die Erlösung, das bedeutet, daß nichts für immer unrein bleibt. Man kann das Unreine reinigen. Die Nazis haben die Sprache vergiftet, verdorben. Sie waren Meister darin, poetische Worte für grauenvolle Dinge zu finden. Aber man kann die Sprache wiederherstellen. Dies kann jeder einzelne leisten, nämlich indem er eine andere Art von Literatur schreibt und Worte zu einem anderen Zweck verwendet.

Ja, die Worte haben ihre Unschuld verloren. Dies ist die Tragik. Und trotzdem ... Wir müssen tun, was immer wir können, um den Worten wieder ihre Unschuld zurückzugeben, um die Reinheit und Würde der Worte und in den Worten zu erneuern. Seit dem Ereignis, seit Auschwitz, ist es für mich schwer, bestimmte Worte zu verwenden. Ich konnte zunächst nicht einmal mehr das Wort »Nacht« gebrauchen. Und wenn ich Schornsteine sehe, packt mich das Grauen. Muß ich deshalb meine Augen schließen? Wir können nicht. Wir leben in der Welt nicht nur für uns selbst, sondern mit uns selbst und mit anderen Menschen. Und Sprache ist immer ein Weg auf andere Menschen zu.

Die Sprache birgt beides, Positives wie Negatives. Sprache ist gefährlich, so wie der biblische Salomo sagte, Leben und Tod hängen von der Sprache ab, von den Worten. Jeder von uns kann die Sprache für das eine oder für das andere verwenden, Sprache korrumpieren oder Sprache reinigen.

In Ihrem schriftstellerischen Werk finden sich Romane und Erzählungen ebenso wie Essays. Sind die Essays Erläuterungen zu den Romanen?

EW: Ja, aber auch umgekehrt: Die Romane erläutern die Essays. Sie sind alle miteinander verbunden, alle ein Teil ein und desselben Mosaiks, alle haben einen gemeinsamen Angelpunkt, der bisweilen unsichtbar bleibt. Meine Schriften sind komplementär, eine vervollständigt und erklärt die andere, oder sie stehen in gewollter Spannung zueinander.
Die Tiefe ist in den fiktiven und in den essayistischen Schriften gleich, der Zugangsweg ist verschieden. Ich versuche, die selbe Tiefe zu erreichen, die Tiefe der menschlichen Existenz, die Tiefe der Erinnerung, ob mit narrativen oder nichtnarrativen Schriften, ob mit Schweigen oder mit Gedanken. Sie alle sind Mittel und Weg, um den Ton der Erinnerung anzustimmen. Mit Romanen und fiktiven Stücken erreicht man eine größere Zahl von Lesern, aber man kann sich nicht stets auf der gleichen Ebene bewegen. In der fiktiven Literatur bewegt man sich auf und ab, von hohen Gedankenflügen bis zu ganz profanen, oberflächlichen Dingen: Die Figuren sagen sich zum Beispiel »Guten Morgen«, oder es wird berichtet, was sie zu essen hatten. In Essays gibt man sich nicht mit solchen Dingen ab. Jeder Satz muß gehaltvoll und aussagekräftig sein.

Sind die Fragen der Figuren und Personen in Ihren Romanen Ihre eigenen Fragen?

EW: Natürlich, sie alle stellen meine eigenen Fragen. Ich sehe mich in ihren Situationen, in ihrer Rolle wieder. Würde ich mich in der gleichen Lage befinden, hätte ich ihre Fragen gestellt. Selbstverständlich sind die Personen nicht einfach identisch mit dem Autor, aber die Hauptfiguren haben stets etwas mit mir selbst zu tun, nicht alles, aber eben »etwas«. Dies betrifft nicht die Handlungen, die in den Romanen beschrieben werden. Das, was den Personen im Roman zustößt, hat sich nicht alles in meinem Leben ereignet. Dennoch gibt es Verbindungen: Meine Hauptfiguren sind ausschließlich Überlebende einer jüdischen Katastrophe, meist des Holocaust, aber auch eines Pogroms. Dieser Überlebende bin ich vielleicht selbst.

Gilt Ihr Interesse neben den Opfern auch den Henkern?

EW: In den Augen der Geschichte gehört beides zusammen, die Frage nach den Opfern und die Frage nach den Henkern, die sie zu Opfern machen. Beide sind Gefangene derselben Situation. Ich persönlich hingegen lege alle Aufmerksamkeit, die ich aufbringen kann, ausschließlich auf das Schicksal der Opfer. Wir haben sie noch immer nicht verstanden, wir sind ihnen noch nicht näher gekommen, wir haben noch nicht genug Mitgefühl für sie entwickelt. Deshalb überlasse ich es anderen, die Psychologie der Henker zu erforschen. Ich selbst bin noch zu sehr mit den Opfern beschäftigt.
Aber ich habe keine Erklärungen, so wie manche versucht haben, Erklärungen für das Ereignis zu geben. Was schon können wir in Blick auf Auschwitz sagen? Alle unsere Aussagen werden falsch, ob wir ja oder nein sagen, es ist falsch. Bisweilen ist das einzige, was wir tun können, zu weinen oder zu beten, unsere Augen zu schließen zum schweigenden Gebet. Jeder Kommentar, jede Interpretation, besonders jede Erklärung ist von vornherein zum Scheitern verurteilt. Juden wie Christen haben versucht, aus Auschwitz eine Theologie zu machen, so wie neuerdings alles zur Theologie gemacht wird. Andere haben eine Psychologie oder Psychiatrie von Auschwitz entworfen, gar eine Literatur von Auschwitz. Sie alle scheitern. Es kann keine Romane von Auschwitz geben.

In aktuellen Diskussionen zur Frage der Bedeutung von Literatur steht immer wieder die Frage nach dem Verhältnis von Ethik und Ästhetik. Wie können für Sie, als stark ethisch motivierter Schriftsteller, ethische Impulse in Literatur zum Tragen kommen?

EW: Die Aufgabe von Literatur ist es, ein ethisches Bewußtsein zu schaffen. Heutige Literatur darf nicht dazu da sein, dem Leser zu gefallen oder ihn zu unterhalten. Im Gegenteil, sie muß die Oberfläche aufkratzen, Wunden öffnen und uns zur Selbstbesinnung rufen, auch zur Selbsthinterfragung. Dies ist die Aufgabe der Literatur heute, was einer Suche nach ethischen Befindlichkeiten gleichkommt. Die Frage ist, ob das, was ich schreibe, mir selbst im Verhältnis zu meinen Mitmenschen weiterhilft oder nicht; ob es hilft, wenn nicht das Böse zu beseitigen, so wenigstens die Auswirkungen des Bösen zu lindern. Wie ich schon oft betont habe, können wir fortan nicht mehr sagen, daß Kunst unschuldig sei oder daß Literatur unschuldig sei. Nichts ist mehr unschuldig. Nach all dem, was vor fünfzig Jahren geschehen ist, hat selbst die Schöpfung ihre Unschuld verloren. Auch die Kreativität hat ihre Unschuld verloren.

All diese Überlegungen führen zu dem Punkt: Wir brauchen eine ethische Perspektive in allem, was wir tun. Das heißt nicht, daß wir ständig darüber schreiben sollten. In vielen meiner Schriften habe ich versucht deutlich zu machen, wie gefährlich es ist, stets über Auschwitz zu schreiben. Die Erinnerung aber muß überall in dem, was wir schreiben, gegenwärtig sein – unwillkürlich, unsichtbar. Wenn der Schriftsteller sich der Erinnerung bewußt ist, sie in seinem Hinterkopf trägt, schreibt er anders, dann enthält sein Schreiben, ob er will oder nicht, eine ethische Bedeutung, eine ethische Dimension. Selbst wenn es nicht direkt erkennbar ist, können diejenigen, die Literatur interpretieren, in guten Werken ethische Forderungen finden. Der Leser muß, vielleicht gegen die Absicht des Autors, Bruchstücke finden, die eine ethische Aussagekraft enthalten. Selbst wenn man sagen müßte, dies und jenes sei verwerflich, wäre es eine ethische Botschaft. Die bedeutenden Werke von Günter Grass und Heinrich Böll haben ohne

Zweifel einen wichtigen ethischen Gehalt. Wir leben nicht im Vakuum, auch der Schriftsteller ist in die Realität verflochten. Ohne das Bewußtsein, daß er oder sie mit dem verbunden ist, was geschah, geschieht und geschehen wird, kann er oder sie kein gutes Kunstwerk schaffen, weil ihm die Verankerung fehlt. Literatur heute kann nur durch ethische Wachheit zu einem Medium werden, das sich – an der Schwelle zum nächsten Jahrhundert – zwischen Leben und Tod entscheidet.

Adornos und Horkheimers Buch »Dialektik der Aufklärung« trägt im Englischen den Titel »Eclipse of Reason«: im Blick auf Auschwitz nicht nur Sonnenfinsternis oder Gottesfinsternis (Buber), sondern »Vernunftfinsternis«. Haben sie noch Vertrauen in die Vernunft?

EW: Mit der Vernunft, der »reinen Vernunft«, sagen wir der von den griechischen Philosophen geprägten Vernunft, kommen wir nicht weiter, dies haben wir in unserem Jahrhundert bitter feststellen müssen. Schon Kafka hat es vorausgesehen. Dennoch habe ich Vertrauen in den Menschen. Er kann im Laufe der Geschichte ein besserer Mensch werden. Sonst wären all unsere Bemühungen nichts als ein verzweifeltes Abenteuer. Der Mensch ist fähig zur Verantwortung, er ist fähig, zu wissen, was in der Vergangenheit geschah und wozu er imstande ist. Wenn er weiß, wozu er im Bösen fähig ist, kann er auch wissen, wozu er im Guten fähig ist. Ohne dieses geschichtliche Wissen, ohne Erinnerung haben wir keine Chance. Ethische Prinzipien aber setzen sich nur durch, wenn wir sie in die Tat umsetzen. Wir müssen es versuchen.
Es gibt vielerlei Quellen für ethisches Verhalten. Sie liegen, wie ich vorhin schon gesagt habe, im Menschen, in Männern und Frauen, in Kindern, in Büchern, in der Vergangenheit, in Erinnerungen, ja, vor allem in Erinnerung. Je tiefer wir uns versenken, je näher wir nur einer dieser Quellen kommen, entdecken wir in ihr eine Quelle der Wahrheit, der Nächstenliebe. Um zu entscheiden, ob das, was wir tun, gut oder

schlecht ist, müssen wir diejenigen fragen, für die wir etwas tun. Der andere muß entscheiden, ob die Tat gut oder schlecht ist, nicht ich selbst. Tun wir etwas gegen den Willen des anderen, gibt es niemanden, der besser weiß, ob gut oder schlecht, als der Betroffene selbst. Der andere kennt dein Tun.

Glauben Sie noch an den Menschen?

EW: Manchmal. Manchmal habe ich Vertrauen in manche Menschen. Einmal hatte ich einen Gastvortrag an der Universität von Ohio zu halten, und ein Student stellte mir dieselbe Frage, ob ich glaube, wie Anne Frank schrieb, daß alle Menschen von Grund auf gut sind. Ich sagte: Nein! Das ist ein wenig zu simpel zu sagen, alle Menschen seien von Grund auf gut. Der Unterschied zwischen Anne Frank und Frauen und Männern, die meine Erfahrungen teilen, ist der, daß die Tragödie da begann, wo Anne Franks Tagebuch endet. Was hat sie gesehen? Sie sah ihre Freunde und ihren Bruder, die Katze, die Nachbarn – gut oder böse. Aber erst danach begann das Drama, als sie bereits zu schreiben aufgehört hatte. Ich würde niemals sagen, die SS-Leute waren gute Menschen. Sie waren es wirklich nicht. Dies bedeutet nicht, daß alle Menschen schlecht sind. Es bedeutet, daß jeder Mensch des Guten wie des Bösen fähig ist. Zu sagen, alle Menschen sind prinzipiell gut, wäre das gleiche als würde man sagen, sie sind prinzipiell schlecht. Ich möchte die Unterschiede respektieren und die Einzigartigkeit jeder Person. Die Heydrichs und Eichmanns waren Menschen. Sie haben sich selbst entmenschlicht, sie haben ihre Menschlichkeit verloren. Nein, sie waren nicht gut. Sie waren schlecht und böse.
Das macht das Problem zu einem metaphysischen Problem: Was ist mit dem Menschen geschehen? Wie kann der Mensch so werden und so etwas tun? Ich muß bekennen, ich weiß es nicht. Der einzige Weg, wie ich diese Tatsache zwar nicht erklären, aber mich ihr nähern kann, ist, daß die Strafe im Verbrechen selbst liegt. Die Entmenschlichung der Opfer –

das waren die Verbrechen von Eichmann, Heß und anderen Tätern. Aber dadurch haben sie sich selbst entmenschlicht, wie ich vorher sagte, sie haben ihre Menschlichkeit verloren. Sie waren vielleicht gute Väter und Ehemänner, aber keine Menschen mehr.

In einem Essay habe ich einmal geschrieben, daß in Auschwitz der Mensch und die Idee des Menschen starben – wenigstens für diesen Moment, für jene Epoche in der Geschichte. Das bedeutet nicht, daß wir nicht wieder von vorne beginnen sollten, eine neue Menschheit aufzubauen. Aber in jenem Moment, da ist kein Zweifel, war nichts als Tod. Der Tod wurde zum neuen Idol, zum neuen Götzen, zum neuen Gott.

Hat sich seit »dem Ereignis« etwas verändert?

EW: Ja und nein. Nein, weil es noch genug Menschen gibt, die zu anderen Menschen nicht menschlich sind. Man kann Menschen nur danach beurteilen, wie sie zu anderen Menschen in Beziehung treten. Menschsein ist nicht nur ein Ideal, es ist auch ein Seinszustand. Wenn ich andere Menschen als Menschen sehe, bedeutet dies, daß ich ihre Schwäche entschuldigen oder wenigstens verstehen muß. Aber Menschsein bedeutet auch, daß noch etwas dazugehört, ein gewisser Idealismus, Freundlichkeit, Einfühlungsvermögen in andere und eine gewisse Phantasie. Ist dies bei einer Person nicht vorhanden, muß ich sie fragen. »Du bist menschlich und der Menschlichkeit fähig. Warum verhältst du dich nicht so?« – Und trotzdem … Seit dem Ereignis hat sich etwas verändert. So viele Menschen erheben ihre Stimme gegen die Ungerechtigkeit. So viele sind engagiert für so viele Opfer. Vielleicht aufgrund eines gewissen Schuldgefühls, das selbst viele Nachgeborene im Blick auf das Ereignis haben.

Also: Es hat sich etwas verändert, aber nicht genug. In meiner Naivität habe ich damals gesagt, daß nach Auschwitz kein Krieg mehr denkbar sei, wo auch immer auf der Erde. Nach

Auschwitz – so habe ich es irgendwo geschrieben – erwartete ich das Kommen des Messias, die Erlösung, vollständige Erlösung. Sie fand nicht statt. Heute sterben mehr Menschen an Hunger denn je. Während wir hier sprechen, stirbt ein Kind in Afrika. Und niemand kann mich davon abbringen zu glauben, daß wir für jenes Kind verantwortlich sind. Denn wir sind am Leben, und das Kind lebt auch – und im nächsten Augenblick ist es schon tot. Das heißt, wir haben nicht genug gelernt. Wir müssen sehr bescheiden und zur gleichen Zeit unwahrscheinlich ehrgeizig sein. Wir müssen alles fordern und uns mit dem Wenigen, das wir erreichen, begnügen.

Wie kann man etwas verändern? Durch Erziehung? Durch Erinnerung?

EW: Beides ist das gleiche: Erziehung geschieht durch Erinnerung, und Erinnerung geschieht durch Erziehung. Erziehung impliziert Erinnerung. Ohne Erinnerung könnten wir weder Goethe noch Shakespeare noch Platon studieren. Nur indem ich mich an Mose, Jesaja oder Buddha erinnere, kann ich von ihnen lernen. Ich glaube an Erziehung mehr als an andere Dinge. Ich habe mehr Vertrauen in die Erziehung als in Werke der Politik, als in organisierte Religionen. Ich glaube an die jungen Menschen, die sich engagieren und die sich in Deutschland mit ihrer Vergangenheit auseinandersetzen. Es muß mehr und mehr junge Deutsche geben, die sich bewußt an Auschwitz erinnern – um Deutschland willen. Wenn nicht, wird das Land in Schwierigkeiten kommen. Vielleicht ist es bereits in Schwierigkeiten. Daß es Politiker gibt, die früher SS-Männer waren, übersteigt mein Verstehen; daß der »Historikerstreit« solche Ausmaße angenommen hat, übersteigt mein Verstehen; daß die SS-Leute jährliche Treffen abhalten, auch dies übersteigt mein Verstehen. Jeder einzelne, der den Mut hat, sich ihnen entgegenzustellen, ist für mich Hoffnung, und diese Hoffnung muß gestärkt werden.

Wie sieht Ihr Engagement gegen Ungerechtigkeit aus?

EW: Aufgrund meiner Erfahrungen in Auschwitz und aufgrund der Tatsache, daß sich damals niemand für die Juden einsetzte, versuche ich heute überall dort meine Stimme zu erheben, wo Menschen unter Ungerechtigkeit zu leiden haben. Dies schließt ein Engagement für die Juden in Rußland ebenso ein wie gegen die Apartheid in Südafrika, gegen die Ausrottung von Indianervölkern in Südamerika und gegen den Nuklearkrieg. Auch für die Armenier habe ich einen Artikel geschrieben, denn ich bin davon überzeugt, daß wir Juden uns für andere Menschen einsetzen müssen. Wir sind von der Idee besessen, daß Menschsein bedeutet, seine Menschlichkeit zu teilen.

Und die Menschenwürde in Israel und in den besetzten Gebieten? Sie betonen stets, wie sehr Sie Israel lieben.

EW: Ja, ich liebe Israel, was heißt, nicht nur den Staat, die Nation, zu lieben. Ich meine Israel in einem weiteren Sinn, ich meine den Glauben, die Tradition Israels. Wenn ich sage, daß ich Israel liebe, dann bedeutet dies nicht, daß ich den Militarismus dort befürworte. Ich habe an vielen Stellen gegen die Übergriffe von seiten der Israelis öffentlich protestiert. Aber ich versuche Israels Haltung zu verstehen: Das Land ist umgeben von Kräften, die Israels Existenzrecht bestreiten, die Haß und Zerstörung verbreiten. Keineswegs möchte ich manche Taten Israels rechtfertigen, ich sage nur, daß ich an das jüdische Volk glaube. Es gab Zeiten, da liebte ich Israel mit Stolz und mit Freude. Heute liebe ich Israel mit Angst.
Die Israelfrage ist für mich eine sehr schmerzliche. Ich lebe nicht in Israel, aber, wie gesagt, ich liebe Israel. Ich brauche diese Liebe zu Israel, was nicht heißt, daß ich immer alles akzeptiere, was dort getan wird. Manche Dinge, die geschehen, sollten nicht geschehen. Heute bin ich optimistischer als je zuvor. Seit Beginn der Friedensgespräche hat sich die Situa-

tion verbessert. Wir haben einen Punkt erreicht, von dem aus wir nicht mehr zurückgehen können. Zum ersten Mal sitzen Israelis und Palästinenser an einem Tisch. Sie hören einander zu. Sie sprechen miteinander. Sie treffen sich auch hinter den Kulissen, um die Kulissen zu arrangieren, was bedeutet, daß sie wissen, daß der andere existiert, daß sie dessen Existenz anerkennen. Ich bin überzeugt, daß wir uns auf ein neues Ziel zubewegen, auf ein neues Verstehen. Wie es ausgehen wird, weiß ich nicht. Ich weiß nicht, wie es aussehen wird. Aber daß wir nun auf dem Weg sind, der zu einem Wandel führt, einem offiziellen Wandel, einem positiven Wandel in den israelisch-palästinensischen Beziehungen, daran gibt es keinen Zweifel. Und ich begrüße diesen Wandel.

Ethik aus Erinnerung

Kommen wir auf Deutschland zu sprechen. Viele stehen ratlos vor neuem Fremdenhaß und Ausländerfeindlichkeit. Wie können wir darauf reagieren?

EW: Wenn ich die Gelegenheit hätte, vor Deutschen, zumal vor jungen Deutschen, ein Plädoyer zu halten, dann würde ich ihnen sagen: Geben sie niemals dieser Versuchung nach! Erlauben Sie es niemals, daß jemand Sie aufstachelt, einen anderen Menschen zu hassen. Es ist das falsche Mittel. Haß ist niemals eine Antwort, niemals. Haß zerbricht den Gehaßten, aber ebenso zerbricht er den Hassenden. Ich selbst war ein Fremder, zu lange, in zu vielen Ländern, um nicht zu wissen, wie ein Fremder empfindet. Lange Jahre war ich staatenlos. Ich besaß nie einen Paß, bevor ich amerikanischer Staatsbürger wurde. Überall, wo ich hinkam, fühlte ich mich unwillkommen. Wer mag schon staatenlose Leute? Alle haben Angst, daß ich, der Staatenlose in mir, der Flüchtling, jemandem seine Arbeit wegnehme. Und immer, wenn ich eine Grenze überschritt, haben die Polizeibeamten, die Zöllner, mich als verdächtig betrachtet. Deshalb fühle ich großes Mitleid mit Fremden, wo immer sie hingehen und wo immer sie herkommen. Ich weiß, es bereitet ökonomische Probleme, aber die menschlichen Probleme sollten den Vorrang haben.
Noch einmal: Weisen sie Fremde nicht ab. Geben Sie denen nicht nach, die behaupten, Deutschland müsse nur deutsch sein, oder Frankreich müsse nur französisch sein. Das ist dumm. Unser Planet wurde zu einem kleinen Dorf. Aus den Raumfähren, die man ins Weltall schickt, habe ich etwas sehr Schönes gehört – nebenbei bemerkt: Das ist eines der nutzlosesten Unterfangen der Menschheit. Es gibt, meine ich, zwei völlig nutzlose Organisationen. Das eine sind die Geheimdienste, der CIA, das KGB, das Deuxième Bureau etc. Keiner von ihnen konnte voraussagen, was in Osteuropa geschah.

Amerika hat Milliarden und Milliarden von Dollar für den CIA ausgegeben. Ich bin überzeugt, auch Ihre Regierung gibt Millionen von Mark für Ihren Geheimdienst aus. Keiner konnte es voraussagen, also, warum sollte man sie weiterhin behalten? Man sollte das Geld nehmen und Schulen und Krankenhäuser damit bauen, es den Armen geben, oder etwas anderes daraus machen, etwas Nützliches. Das zweite ist, daß ich starke Zweifel habe, ob es das Geld wert ist, wenn man Raumfähren ins Weltall schickt. Ich weiß es nicht. – Dennoch, was ich erzählen wollte: Ein einziges Mal hörte ich etwas Poetisches von der Weltraumfahrt. Einer der Astronauten sagte einmal im All: »Von hier aus sieht der Planet so klein aus, so winzig klein.« Wenn er also klein ist, unser Dorf, unser Haus, wollen wir die Türen öffnen. Wir wollen Besucher willkommen heißen und sie zu Freunden machen.

In ihrer Angst vor dem Fremden unterscheiden viele zwischen »Wirtschaftsflüchtlingen« und »wirklich« Verfolgten. Wer ist ein Flüchtling?

EW: Ich habe eine sehr breite Definition davon, wer ein Flüchtling ist. Jeder, der dort, wo er oder sie lebt, zutiefst unglücklich ist, wenn er nicht weiß, wie er seine Kinder ernähren kann, sollte als Flüchtling akzeptiert werden. Wir sollten sie als Gäste aufnehmen und sie bei uns leben lassen. Natürlich gibt es, wie gesagt, soziale und politische Probleme, wenn man jeden Menschen in ein Land kommen läßt. Gegen diese Probleme jedoch muß man sich rechtzeitig zur Wehr setzen, mit Erziehung, Gedanken und mit Philosophie. Nur die Erziehung kann uns retten. Gerade in Deutschland muß man die Menschen erziehen. Deutschland hat ohne Zweifel eine bestimmte Verantwortung zu tragen, besonders in diesem Jahrhundert. Diese Verantwortung besteht besonders gegenüber den Fremden. Den Parolen der rechten Parteien muß man das Vertrauen in den Großteil der Bevölkerung gegenüberstellen. Und das Vertrauen in die Fremden. Sie bedeuten eine Bereicherung für das Land, in dem sie Aufnahme finden. Meist bringen sie diesem Land viel Gutes, nur in den seltensten Fällen fügen sie ihm Schaden zu. Für Deutschland ist der Pluralismus, nämlich eine Vielzahl von Völkern unter einem Dach zu sammeln, eine gute Sache. Wenn Fremde wirklich akzeptiert werden, bereichern sie das Land, in dem sie leben.

Wie stehen Sie heute zur Wiedervereinigung Deutschlands? Sie waren ja zunächst sehr skeptisch eingestellt. Haben sich Ihre Befürchtungen bestätigt?

EW: Als ich die Mauer fallen sah, war ich erfreut, ja, ich fühlte Freude in mir. Ich sah junge Menschen, junge Menschen von beiden Seiten, die sich in die Arme fielen, die Sekt tranken. Es war ein schönes Zeichen, und darum fühlte ich Freude. Kurz darauf hörte ich die Reden der Politiker. Meist, wenn man Politiker reden hört, kommt etwas Negatives dabei heraus. Und ich hörte besonders einen sehr berühmten Politiker in Berlin sagen: »Von nun an wird der 9. November in die Geschichte eingehen.« Ich dachte, mein Gott, hat man schon vergessen, daß der 9. November längst in die Geschichte eingegangen ist? Am 9. November war die »Kristallnacht«. Das bedeutet, der Sieg, der menschliche und demokratische Sieg in Berlin hat die »Kristallnacht« überschattet und verdunkelt. Deshalb war ich beunruhigt. Denn die Gefahr ist, sie könnte sein, daß alles auf Kosten der jüdischen Erinnerung geschah, und damit auf Kosten der Erinnerung überhaupt.
Deshalb habe ich Zweifel geäußert. Ich muß sagen, daß ich kein politischer Mensch bin, wirklich nicht. Ich möchte nicht zu viel von Politik hören, und ich achte nicht sonderlich auf die Nachrichten. Ich beschäftige mich lieber mit Philosophie oder mit Literatur. Sie sind meine Leidenschaft. Die Menschen, nicht Politik. Dennoch, Politik regelt unser Leben. Was mir nicht gefällt, ist der Ton dessen, was in Deutschland heute geschieht, im wiedervereinten Deutschland. Es geht nicht um die Lebensqualität, aber könnten wir nicht den Ton ändern?

Ich spüre eine Stimmung der Arroganz, nicht so sehr bei den Leuten, als vielmehr bei der Regierung. Etwas dabei beunruhigt mich. Ich hoffe, daß die meisten jungen Menschen in Deutschland eine andere Sprache sprechen.

Viele in Deutschland jedoch sagen, sie möchten nichts mehr von Auschwitz hören. Ständige Erinnerung steht der Versöhnung im Weg. Kann es jemals Versöhnung geben?

EW: Mit den jungen Deutschen braucht es gar keine Versöhnung zu geben, da es nie Schuld gegeben hat. Sie sind unschuldig an dem, was geschehen ist. Das Problem der jungen Deutschen ist es, sich mit ihrer eigenen Vergangenheit zu versöhnen. Sie brauchen keine Schuldgefühle mit sich zu tragen, sondern müssen sich verantwortlich fühlen für das, was heute in Deutschland geschieht, was aus der Erinnerung an die Vergangenheit heute gemacht wird.
Und Versöhnung mit den anderen Deutschen? Nun, Versöhnung ist ein Konzept, das für Nationen, Gemeinschaften, Gruppen gelten muß, besonders ethnischen und religiösen Gruppen. Im Augenblick aber müssen wir uns dessen bewußt sein, daß noch so viele Opfer am Leben sind und ebenso viele Henker. Deshalb kann die Beziehung von Opfern zu einigen, ich betone einigen, Menschen in Deutschland nicht normal sein. Mit einem Hauptmann der SS würde ich mich schon gar nicht treffen. Mit einem General der Wehrmacht, der, sagen wir, logistische Unterstützung für die Liquidation des Warschauer Gettos geliefert hat? Nun, ich müßte zumindest über meine Beziehung zu ihm nachdenken, was bedeutet, daß die Beziehung nicht normal ist. Ich würde ihn nicht richten oder verurteilen. Ich nicht.
Wie ich vorhin gesagt habe, ich glaube nicht an Kollektivschuld. Aber ebenso glaube ich nicht an Kollektivunschuld. Auch nicht an die kollektive Verdammnis. Vielleicht kann Gott dies tun, aber nicht einmal Er tut es.

Es gibt immer noch Leute, die den Holocaust leugnen, und andere, die seine Bedeutung herunterspielen. Wie kann man ihnen begegnen?

EW: Diese Leute sind moralisch verwerflich, moralisch krank. Ebenso wie es geisteskranke Menschen gibt, gibt es moralisch kranke. Ich selbst versuche nicht einmal, mich in ihre Gedanken einzufühlen. Ebenso habe ich mich mein Leben lang nie mit den Mördern beschäftigt. Meine Hauptbeschäftigung gilt den Opfern. Warum sollte ich meine Zeit damit verschwenden, mich in die Gedankenwelt der Henker zu begeben? So geht es mir auch mit denen, die Auschwitz leugnen oder herunterspielen. Ich möchte mich den Gedanken und Gefühlen der Opfer zuwenden. Aus diesem Grund war ich nie ein Nazi-Jäger. Andere sind fasziniert vom Bösen. Sie fragen danach, was Dr. Mengele zu Dr. Mengele machte. Ich nicht. Mein Leben ist ausgefüllt mit den Tränen und dem Schmerz der Opfer. Mein Gebiet ist: Was machte die Opfer stumm, wenn sie Dr. Mengele begegneten? Was brachte sie zum Schreien, und was trieb sie in die Einsamkeit?

Sie haben den »Historikerstreit« erwähnt. Es gibt Historiker, die den Holocaust in den allgemeinen Strom der Geschichte einordnen möchten.

EW: Ja, sie möchten das Ereignis »normalisieren«. Das ist völlig unsinnig. Man kann ein Ereignis von solchem Ausmaß nicht verdrängen. Wenn es verdrängt wird, meldet es sich mit unbändiger Kraft wieder. Solange Deutschland nicht mit der Vergangenheit in bewußter Weise umgeht, wird es in Gefahr sein. Ich meine psychologisch und politisch in Gefahr. Wenn eine einzelne Person ein schwerwiegendes Ereignis aus ihrer Geschichte verdrängt, wird sie sich eines Tages auf der Couch eines Psychiaters oder in einem Irrenhaus wiederfinden. Und analog dazu kann das gleiche einer Gemeinschaft zustoßen.

In der Auseinandersetzung mit dem Historikerstreit fällt auf, daß deutsche Historiker sich niemals auf die Zeugnisse der Opfer beziehen. Sie verwenden die Dokumente der Täter, der Nationalsozialisten, als einzige Grundlage ihrer Arbeit.

EW: Leider gilt dies nicht nur für deutsche Geschichtsschreibung, sondern für Historiographie im allgemeinen. Man vertraut den Dokumenten mehr als den Menschen, die über ihr Schicksal berichten. Selbst die besten Historiker halten Augenzeugenberichte und Tagebücher der Opfer für weniger glaubhaft als nackte Dokumente. Dokument Nummer XY, von irgend jemandem in Berlin oder sonstwo verfaßt, ist bedeutender als die Erinnerung eines Menschen. Man kann mit den Historikern darüber nicht reden. Ich habe es versucht und gesagt: »Sehen Sie, Fakten und Wahrheit sind nicht das gleiche.« Wir kennen die Fakten, aber die Wahrheit ist etwas anderes. Man kann sie in einem Tagebuch oder in einem Brief finden, es muß kein Dokument sein. Dokumente berichten nur Fakten, und Fakten sind selbst sehr häufig widersprüchlich. Sie sind allenfalls ein Hilfsmittel, um die Wahrheit zu finden, die in Worten liegen mag, in einem Lächeln, einem Gebet oder einem Gedicht, das von einem Kind oder jemandem, der den Tod vor Augen hat, geschrieben wurde.

Im Historikerstreit wurde die Einzigartigkeit der Judenvernichtung diskutiert, die Singularität. Ist dieser Gedanke anderen mitteilbar?

EW: Ich möchte niemanden entmutigen, aber manchmal glaube ich, daß wir den Kampf um die Erinnerung verloren haben. Das bedeutet nicht, daß wir damit aufhören sollten. Im Gegenteil, wir müssen weiterkämpfen. Die Zeit jedoch arbeitet gegen uns, wie Joachim Fest sagte, die Zeit sei ein mächtiger Verbündeter derer, die für die Historisierung des Nationalsozialismus eintreten. Die Menschen sind unwillig, sich zu erinnern. Sie können nicht mit der Wahrheit leben, sie meinen, sie könnten gegen die Wahrheit leben. Aber selbst wenn wir nur wenige sind, und wenn wir immer weniger werden, sollten wir fortfahren zu erinnern. In hundert Jahren werden die Studenten feststellen: Es gab einige Wenige, die an der Erinnerung festhielten. Das ist Grund genug, weiter zu erinnern.

Die Singularität zu erklären ist nicht einfach. Das oft wiederholte Argument hat immer noch Gültigkeit: Das jüdische Volk war und ist das einzige Volk, das zur völligen Vernichtung bestimmt war. Das bedeutete, ein Jude im Fernen Osten, oder ein Jude in New York oder in Norwegen war zum Tod verurteilt. Kein anderes Volk teilt dieses Schicksal, außer einem Volk in der Antike, den Etruskern. Sie wurden ausgelöscht und niemand weiß, warum. Eines Tages beschlossen die Römer, alle Etrusker zu ermorden, und sie setzten diesen Entschluß in die Tat um. Sie gingen so weit, die gesamte Kultur und die etruskische Sprache zu vernichten. – Ein weiterer Grund für die Singularität von Auschwitz ist, daß kein Volk je so einsam war wie das jüdische. Im Krieg wurden andere Menschen von den Deutschen unterdrückt, nicht nur die Juden. Für alle gab es Hilfskomitees, welche die Menschen unterstützten. Kommunisten wurden von Moskau unterstützt, andere von Washington oder London, die Juden fanden keine Hilfe. Niemand stand ihnen zur Seite. Selbst nach dem Krieg hatten die Juden keine Heimat, wohin sie hätten gehen können. Wenn ein Franzose aus dem Konzentrationslager befreit wurde, kehrte er zurück zu seiner Familie; selbst Deutsche, die in den Lagern waren, konnten in ihre Heimat zurück. Die Juden wußten nicht, wohin sie gehen könnten. Kehrten sie zurück, wo sie vorher lebten, wurden sie selbst nach dem Krieg verfolgt, sogar getötet. In Ungarn beispielsweise war der Antisemitismus nach dem Krieg stärker als vor dem Krieg, denn diejenigen, die den Besitz der vertriebenen Juden an sich gerissen hatten, waren unwillig, den Heimkehrern etwas zurückzugeben. Die Opfer mußten doppeltes Leid erleiden. – Trotz all dieser »rationalen« Argumente: Es muß noch mehr geben, etwas Unbekanntes, was die Singularität so singulär macht.

Liegt das Unverständnis zahlreicher Historiker daran, daß sie mit der Geschichte in wissenschaftlicher Begrifflichkeit arbeiten, aber nicht mit dem, was Juden unter Erinnerung verstehen?

EW: Historiker nehmen nicht die Erinnerung als Grundlage ihrer Wissenschaft, sondern nur geschichtliche Fakten. Sie nehmen Erinnerung nicht einmal als methodologische Voraussetzung. Oft verwenden sie die Geschichte gegen die Erinnerung. Jedoch, es kann zwar Erinnerung geben, die ohne historisches Faktenwissen auskommt, niemals aber Geschichtswissenschaft ohne Erinnerung. Wir brauchen eine Philosophie, die der Historiographie zugrundeliegt. Entgegen allem, was bisher für richtig gehalten wird, wonach Geschichtswissenschaft objektiv und neutral sein müsse, glaube ich, daß sie nicht objektiv und nicht neutral sein kann. Sie braucht eine ethische Perspektive. Der Historiker muß aus ethischen Prinzipien heraus handeln, sein Anliegen muß ethisch bestimmt, von einer ethischen Leidenschaft beseelt sein, wenn er Dokumente und das Schicksal von Menschen erforscht. Ich glaube, daß es weder möglich noch wünschenswert ist, sich einen Historiker unserer Tage vorzustellen, der sich mit diesem Thema auseinandersetzt, in dem soviel Schmerz und Gefahr, soviel Finsternis und soviel Flammen enthalten sind, wenn es nicht in einem ethischen Kontext situiert ist. Es muß ein historisches Urteil darüber geben, was gut und was schlecht ist, was böse und was nicht böse ist.

Ist die jüdische Erinnerung in der Lage, dem Zeitgeist zu widerstehen?

EW: Jüdische Erinnerung widersteht der Zeit nicht, sie transzendiert Zeit. Das ist ein kleiner, aber wesentlicher Unterschied. Was meine ich damit: Der Zeit widerstehen würde bedeuten, die Zeit und die Ereignisse, die unsere Zeit ausmachen, zu ignorieren. Die Zeit transzendieren bedeutet, sie anzunehmen, aufzunehmen und sie zu überschreiten, um eine Gesamtsicht der Zeit zu erlangen. Jüdische Erinnerung ist etwas Besonderes, überhaupt ist menschliche Erinnerung etwas Besonderes, aber als Jude sage ich jüdische Erinnerung. Erinnerung will der Wirklichkeit gedenken, des Schmerzlichen wie des weniger Schmerzlichen. Normalerweise will die Erinnerung jedoch das Schmerzliche abwerfen, sie will sich nicht an Schmerzen erinnern. Unser Körper beispielsweise versucht, den Schmerz zu beseitigen. Habe ich eine Wunde, heilt sie nach kurzer Zeit. Jüdisches Eingedenken hingegen will sich an alles erinnern. Die Auswahl dessen, an was wir uns erinnern, ist eine moralische. Heutige Grundhaltungen orientieren sich an der Vergangenheit, der weit entfernten ebenso wie der nahen Vergangenheit. Was in Spanien im Jahre 1492 geschah, bewegt mich in gleichem Maße wie etwas, das ich heute erlebe, wenn ich nach Spanien reise. Beides ist Wirklichkeit. Mein Engagement entspringt jener Erinnerung, die in immer neuen Schichten aufeinandergetürmt ist, zu denen ich durchdringe. Wer religiös ist, mag bis zur ersten Schicht vorstoßen, der Erinnerung Gottes. An einem bestimmten Punkt führen die Erinnerung des Menschen und die Erinnerung Gottes zusammen.

Ringen mit Gott

In allen Ihren Büchern taucht die Gottesfrage auf, ob in Erzählungen oder in Artikeln. Können wir nach Auschwitz über Gott reden?

EW: Ich glaube nicht, daß wir über Gott reden können, wir können nur – wie es Kafka sagte – wir können nur zu Gott reden. Es hängt davon ab, wer redet. Was ich versuche, ist, zu Gott zu sprechen. Selbst wenn ich gegen ihn spreche, spreche ich zu ihm. Und selbst wenn ich Zorn auf Gott habe, versuche ich, ihm meinen Zorn zu zeigen. Aber genau darin liegt ein Bekenntnis zu Gott, nicht eine Negation Gottes.
Die Frage, ob man nach Auschwitz noch an Gott glauben kann, ist eine der ernstesten Fragen, denen ich mich all die Jahre gestellt habe. Es war nicht einfach, im Glauben zu bleiben. Dennoch kann ich sagen, daß ich trotz der Schwierigkeiten und Hindernisse Gott nie verlassen habe. Ich hatte große Probleme mit ihm und habe es immer noch. Deshalb protestiere ich gegen ihn. Manchmal strenge ich gegen ihn einen Prozeß an. Dennoch: Alles, was ich tue, geschieht vom Innern des Glaubens, nicht von außen. Wenn man an Gott glaubt, kann man ihm alles sagen. Man kann zornig auf ihn sein, man kann ihn preisen, man kann etwas von ihm fordern. Vor allem kann man Gerechtigkeit von ihm fordern.
Als Jude stelle ich mich in diese Tradition, die Tradition Abrahams, Moses, Jeremias, Hiobs und unzähliger talmudischer Meister. Sie alle hatten, wie ich, Schwierigkeiten mit Gott. Aber Gott hat auch Schwierigkeiten mit mir. Ich glaube nicht, daß das, was ich hier über mein Judesein sage, Christen in ähnlicher Weise über ihr Christsein sagen könnten. Für mich, den Menschen, der ich bin, ist es möglich, mit Gott, für Gott zu sein. Es ist sogar möglich, mir selber treu zu bleiben und gegen Gott zu sein, nie jedoch ohne Gott.

Und wo ist Gott …?

EW: Ein großer chassidischer Meister sagte einmal: »Wo ist Gott? Dort, wo man ihn einläßt.« Gott ist dort, wohin wir ihn bringen. Wir können ihn bei der Hand nehmen und ihm die Freunde in der Welt zeigen. Wir können ihn führen und ihm zeigen, was im Menschen unmenschlich ist. Der großartige Gedanke in unserer, der jüdischen Tradition, ist, daß wir Menschen füreinander verantwortlich sind. Wir sind es auch für Gott. Vielleicht hört sich das hochnäsig an, aber es ist es nicht. Es ist der Wille Gottes, daß wir für seine Schöpfung verantwortlich sind, für seine Geschöpfe und für den Schöpfer selbst.

In unserer Tradition sagen wir: Im Blick auf den Messias trifft nicht Gott die Entscheidung. Nicht Gott entscheidet, wann der Messias kommt, sondern der Mensch. Wenn wir die Welt so verändern, daß sie bereit und es wert ist, dann wird der Messias kommen. Dies ist, davon bin ich überzeugt, das entscheidende Bindeglied zwischen dem Menschen und seinem Schöpfer.

Das bedeutet, daß nur der Mensch die Erlösung herbeiführen kann. Ich denke, dies ist der Unterschied zwischen der jüdischen und der christlichen Tradition. Im Christentum bringt Gott die Erlösung, im Judentum der Mensch, die einzelne Person. Gott erschuf die Welt, und unsere Aufgabe ist es, sie wiederherzustellen und zu erlösen. Dies gibt dem einzelnen ein riesiges Maß an Verantwortung. Jeder, selbst der Bettler auf der Straße, der Portier, der Taxifahrer, kann das Kommen des Messias beschleunigen.

Wer ist der Messias in jüdischem Verständnis?

EW: Das wissen wir nicht, und vielleicht sollen wir es nicht wissen. In der jüdischen Tradition gibt es kein Bild des Messias. Wohl ein Bild des Anti-Messias, aber nicht des Messias. So ist es bestimmt, damit wir nicht falschen Hoffnungen anheimfallen. Wir sollen stets auf den Messias warten, denn solange wir warten, kann uns nichts geschehen. Während des Wartens leben die Menschen miteinander in Frieden. Die Probleme beginnen, wenn gewisse Leute sagen, er sei bereits gekommen. Dann beginnen Kriege, Bürgerkriege, Religionskriege. Wir wissen nicht, ob der Messias ein persönlicher Messias ist, ein einzelner Mensch oder eine Zeit; vielleicht ist er eine Epoche. Das alles liegt bewußt im Zweifel. Aber eines haben die, die an die verschiedenen Versionen glauben, gemeinsam: Wir alle glauben an das Warten.

Kann es nach dem Ereignis eine Theo-logie geben?

EW: Ich persönlich glaube es nicht. Es kann keine Theologie nach Auschwitz und schon gar nicht über Auschwitz geben. Denn wir sind verloren, was immer wir tun; was immer wir sagen, ist unangemessen. Man kann das Ereignis niemals mit Gott begreifen; man kann das Ereignis nicht ohne Gott begreifen. Theologie, der Logos von Gott? Wer bin ich, um Gott zu erklären? Einige Leute versuchen es. Ich glaube, daß sie scheitern. Und dennoch ... Es ist ihr Recht, es zu versuchen. Nach Auschwitz ist alles ein Versuch.
Gott und die Todeslager – ich werde es nie verstehen. Ich versuche es, in jedem Buch, in jedem Roman probiere ich etwas anderes aus. Es gibt kein Buch von mir, in dem ich nicht versuchen würde, mich den Fragen auf der Ebene Gottes zu nähern, was bedeutet, Gott zu fragen, was geschah, und warum, warum, warum. Jedesmal endet es im Scheitern. Ich werde nie verstehen.

Zu Beginn der jiddischen Originalausgabe Ihres Auschwitz-Berichts schreiben sie drei beunruhigende Sätze: »Im Anfang war der Glaube, ein naiver Glaube; und Vertrauen, ein trügerisches Vertrauen; und eine Illusion, eine schreckliche Illusion. Wir glaubten an Gott, hatten Vertrauen in den Menschen und lebten in einer Illusion. ... Das war die Quelle – wenn nicht der Grund – all unseres Unglücks.« – Wie denken Sie heute darüber?

EW: Ja, ich stehe zu diesem Anfang. Die Worte waren richtig, und sie sind noch heute wahr. Die Quelle des Unglücks war unser Glaube an Gott, unser Jüdischsein. Unsere Stärke wurde zur Basis der zerstörerischen Macht der Henker. Der Grund für das Leiden des jüdischen Volkes war sein Vertrauen in die Menschen, die dann das Vertrauen mißbrauchten. Der Glaube an Gott und das Vertrauen in den Menschen können heute, nach dem Ereignis, nicht mehr genauso sein wie zuvor.

Sie haben vorhin gesagt, nach Auschwitz können wir keine Theologie mehr treiben. Ist die Alternative, Geschichten zu erzählen?

EW: Nein, es darf nicht anstelle von Theologie geschehen. Bei der Frage nach Gott helfen uns Geschichten weiter. Aber sie sind keine »Ersatztheologie«. Ich selbst erzähle Geschichten, weil ich Geschichten liebe und weil in meiner Tradition viele, viele Geschichten erzählt werden. Manchmal betreten diese Geschichten das Gebiet der Theologie, nämlich auf einer narrativen Ebene. Und Theologie ist nichts anderes als Geschichten erzählen. Wenn man die Bibel liest, findet man Theologie in der Bibel, obwohl im strengen Sinne in der Bibel keine Theologie betrieben wird.

In der Kantate »Ani maamin« schreiben Sie: »Trotz Treblinka. Ich glaube. Wegen Belsen. Ich glaube. Wegen und trotz Majdanek. Ich glaube.«

EW: Das ist ein Paradox. Ich verwende bewußt eine paradoxe Sprache, wenn es um die Fragen des Glaubens nach dem Ereignis geht. Wo immer wir uns nach Auschwitz hinwenden, wir finden nur Verzweiflung. Wenn wir uns zu Gott wenden, fragen wir uns: »Warum und wie kann ich glauben?« Wenn wir uns von Gott abwenden, fragen wir uns: »Wohin kann ich gehen?« Zum Menschen? Hat der Mensch unser Vertrauen verdient? Und Gott? Gleich in welche Richtung wir auch blicken, wir sind umgeben von dem gleichen, dunklen Geheimnis. Und das Paradoxe dabei ist, daß wir trotz allem und allem zum Trotz Glauben haben müssen. Selbst wenn wir keinen Glauben finden, müssen wir ihn aufrichten, in der Hoffnung, daß wir eines Tages verstehen werden, warum, und daß wir uns eines Tages auf einen Grund für den Glauben berufen können.

Wie kann man das Ringen mit Gott, das in Ihrem Werk überall vorhanden ist, mit ethischen Maximen zusammenbringen? Im Christentum sind Gottesliebe und Nächstenliebe untrennbar, bei Ihnen findet sich die Auflehnung gegen Gott.

EW: Wir müssen die Bedingungen der menschlichen Existenz in unser Verhältnis zu Gott einbringen. Selbst wenn wir zu Gott reden, sprechen wir nicht über Gott, sondern über den Menschen. Gott weiß, wer er ist, wir wissen es nicht. Wer mehr über Gott erfahren möchte, muß mehr erfahren über die, die er erschaffen hat. Wir dürfen jedoch niemals Menschen für etwas benützen, nicht einmal in unserem Protest gegen Gott.
Vielleicht können Christen, übrigens auch Muslime, die Revolte gegen Gott nicht verstehen. Gott ist für sie vielleicht zu weit entfernt, ein Herrscher oder Richter, ein Vater. Für uns Juden ist Gott ein Freund. Mit einem Freund kann ich heftig streiten, was nicht bedeutet, daß ich die Freundschaft zu ihm verwerfe. Gott ist in allem, was wir von ihm vermuten – König, Richter, Vater – doch letztlich der Freund. Ein Unterschied zeigt sich zum Beispiel darin, daß manche Christen, wenn sie zu Gott beten, sich vor ihm niederknien. Wir Juden stehen auf, während wir zu ihm beten. Wir sagen: »Siehe, wir sind da, wir haben Dir etwas zu sagen.« Wir haben eine Botschaft für Gott. Was wir in der Synagoge tun, ist, Gott zu

krönen. Wir verleihen ihm eine Krone, indem wir ihn als König des Universums preisen. Abraham Joshua Heschel schrieb ein Buch mit dem Titel »Gott sucht den Menschen«. Gott auf der Suche nach dem Menschen, das ist ein jüdisch-mystisches Konzept. Die Schechina, Gottes Einwohnung, bedeutet: Etwas in Gott sehnt sich nach dem Menschen. Auf der anderen Seite ist es eine schöne und sehr tiefgehende Vorstellung, daß der Mensch nein zu Gott sagen kann und dennoch auf der Seite Gottes bleibt, dennoch auf ihn vertraut.

Ist Auschwitz die Anti-Schöpfung, wenn man an Ihr Buch »Die sechs Tage der Vernichtung« denkt?

EW: Nun, dort habe ich versucht, die Zerstörung, die in Auschwitz geschehen ist, analog zu den sechs Tagen der Schöpfung aufzuzeigen. Gott ist die Schöpfung, Auschwitz die Vernichtung. Beides ist unaussprechlich, unbegreiflich, das Geheimnis der Geheimnisse. Auschwitz ist das Innerste des Geheimnisses Gottes.

Und wo war Gott in Auschwitz? Ist er ein schweigender Gott?

EW: Wenn ich vom Schweigen Gottes rede, meine ich Schweigen auf jeder Ebene, auf der menschlichen wie auf der göttlichen. Entweder Er spricht, und wir hören Ihn nicht, oder Er spricht nicht, und wir meinen nur, daß Er spricht. Was ist schlimmer für uns? Ich weiß es nicht. Aber eines ist klar: Was immer Er tut, geschieht mit einer Intention, tut Er willentlich, und selbst Sein Wille ist umhüllt mit Schweigen. So wie ein alter jüdischer Dichter und Philosoph, Rabbi Elieser Kalir, einmal sagte: »Gott schweigt nicht. Gott ist Schweigen.« Dennoch, Gottes Schweigen ist nicht das des passiven Zuschauers. Es ist ein völlig anderes Schweigen. Das Schweigen Gottes ist tief und voller Sinn. Das Schweigen des Zuschauers ist gleichgültig, leer; er kümmert sich nicht um andere, ist unbewegt, nicht engagiert, sieht weg. Schlimmer noch: es ist

sogar selbstzerstörerisch. Den anderen, den Leidenden nicht zu sehen, ist eine Krankheit. Apathie ist eine Krankheit, nicht nur ein Verbrechen. Das göttliche Schweigen und das menschliche Schweigen können wir niemals vergleichen.
Im Midrasch gibt es eine Geschichte, nach der Gott zwei Tränen vergießt, wenn ein Mensch stirbt. Sie fallen in den Ozean und machen einen solchen Lärm, daß man es von einem Horizont zum anderen hört. Und in Auschwitz? Wo war Gott in Auschwitz? Konnten wir Seine Tränen nicht hören, weil wir selbst nicht genug geweint hatten?

Ist Gott damit ein leidender Gott? Ist Gott schwach, so wie Dietrich Bonhoeffer schreibt, daß nicht ein starker, sondern nur ein schwacher und leidender Gott uns helfen kann?

EW: Davon bin ich nicht überzeugt, denn dies widerspricht der jüdischen Tradition. Wir glauben nicht an einen schwachen Gott. Er ist König des Universums, Er ist stark und allmächtig. Er könnte tun, was immer Er wollte. Aber Er tut es nicht. Wenn wir für Ihn Mitleid empfinden sollten, dann nicht, weil Er schwach wäre, sondern weil wir Sein Werk mißbrauchen. Wir zerstören die Welt, Seine Schöpfung. Wir zerstören das Vertrauen, das Er in uns legte.
Sein Mitleiden ist kein Zeichen von Schwäche. Vielleicht ist es Melancholie, vielleicht Sehnsucht, vielleicht Einsamkeit – aber nicht Schwäche. Wenn Gott wollte, könnte er den Lauf der Dinge anhalten und alles auf den Kopf stellen. Er könnte dem Mörder seine Stärke nehmen und dem Opfer seine Schwäche. Er tut es nicht, weil Er Seine Gründe hat. Wir wissen es nicht. Wir müssen mit der Frage leben, warum Er es nicht tut.

Die Einsamkeit Gottes, wie ist sie zu verstehen?

EW: Gott, nur Gott ist allein. Per Definition. Der Mensch ist nicht allein. Er hat einen anderen Menschen. Aber wen hat Gott? Er ist dazu verdammt, allein zu sein. Zwar hat er uns

Menschen, aber das ist nicht das gleiche. Wir Menschen sind nicht Gott. Ich denke an eine Tragödie Gottes. Wenn der Mensch nicht mehr existieren will, begeht er Selbstmord. Gott kann sich nicht selbst umbringen. Deshalb sollten wir Mitgefühl, Mitleid mit Gott haben. Dies ist ein alter chassidischer Gedanke: Mitleid mit Gott.

Hat die Einsamkeit Gottes mit der Einsamkeit des Menschen zu tun?

EW: Ich glaube nicht. Gott hat uns, so die Bibel, nach seinem Bild erschaffen. Aber sind wir deshalb ebenso einsam wie er? Natürlich gibt es Augenblicke der Einsamkeit in unserem Leben. Menschliche Existenz ist Ausdruck einer gewissen Einsamkeit. Selbst wenn man einem anderen Menschen ganz nahe ist, wenn man ihn liebt, zeichnet sich Einsamkeit ab. Irgendwann wird man ihn verlieren, zum Beispiel durch den Tod, oder er wird uns verlieren. Einsamkeit umgibt uns Menschen, aber sie ist nie so total wie die Einsamkeit Gottes.

In Ihren Schriften finden sich auch negative Bilder Gottes, zum Beispiel reden Sie manchmal vom Wahnsinn Gottes.

EW: Der Wahnsinn in Gott bedeutet, daß unser Verständnis von Gott mit Wahnsinn gefüllt sein kann. Es heißt nicht, daß Gott wahnsinnig ist. Wir projizieren unseren Wahnsinn auf Gott. – Aber, sehen Sie, dies alles sind nur Versuche, mögliche Haltungen, es sind nur Fragen, versehen mit einem Fragezeichen. Ich kenne die Antwort nicht. Wie gesagt, in jedem Buch versuche ich einen anderen Zugang. Ich wende mich um und öffne diese Tür. Vielleicht ist hier die Antwort. Ich öffne die nächste Tür, vielleicht liegt die Antwort dort. Und es gibt so viele Türen.

Die Zugänge, die Sie aufzeigen, klingen oft paradox. Kann man sich Gott nur auf einem paradoxen Weg nähern?

EW: Nein, ich glaube, daß wir uns Gott nur in der Einfachheit nähern können. Nur der Weg der Einfachheit führt zu Gott. Wenn es kompliziert und komplex wird, trennen wir uns von Gott. Und hier bin ich zusammen mit der chassidischen Tradition der Überzeugung, daß der einfachste Weg zu Gott über andere Menschen führt. Ein Mensch allein ist Gott nicht nahe. Um nahe bei Gott zu sein, muß er einem anderen Menschen nahe sein. Es gibt viele Beziehungen zu anderen Menschen. Manche sind kompliziert, schmerzhaft, verstellt und voller Qualen – aber dort wohnt Gott nicht. Gott liebt nicht das Komplizierte, sondern die Einfachheit.
Es gibt für mich keinen Zweifel: Gott ist in einer einfachen, menschlichen Beziehung zu finden. Wir haben wenige Gewißheiten, aber eine davon ist: Wenn zwei Menschen einander lieben, ist Gott mit dabei. Gott ist anwesend, wenn Menschen zueinander menschlich und füreinander da sind. Gott sagt zum Menschen nicht: »Dein Leben gehört mir.« Gott spricht: »Dein Leben gehört deinem Nächsten.«

Darf ich Ihnen noch Fragen zum jüdisch-christlichen Dialog stellen? Was sind die wichtigsten Aufgaben für die Christen im Blick auf Auschwitz? Ich weiß, dies ist nicht Ihr Problem.

EW: Es ist unser Problem und deshalb auch meines. Ich habe einmal gesagt – und dabei habe ich viele Christen schockiert: »Die Opfer sind mein Problem, die Mörder sind Ihres.« Aber dennoch, weil es menschliche Fragen sind, gehen sie natürlich auch mich etwas an. Ich denke, Christen müssen versuchen zu verstehen, was mit der christlichen Tradition geschehen ist. Das Christentum ist schließlich eine Religion der Liebe. Was ist mit der Liebe geschehen? Warum wurde in der Geschichte alles, was jüdisch ist, zurückgewiesen? Und dann die Frage: Wie hat das Christentum in irgendeiner Weise zu Auschwitz beigetragen?
Lassen Sie mich ein Beispiel geben: Als ich in der ersten Nacht im Lager ankam, war das Bild, das ich vor Augen hatte, das

Bild von der Inquisition, Feuer, Judenverfolgung des Mittelalters. Ich erinnerte mich an meine Kindheit. Zu Hause hatten wir ein »Jüdisches Lexikon«, in welchem ein Bild von der Inquisition und der Judenverfolgung abgedruckt war. Dort wurden Juden auf dem Scheiterhaufen verbrannt. Was ist geschehen? Waren solche schrecklichen Dinge eine Art Vorausschau, eine Vorahnung dessen, was kommen sollte, dann aber in einem unwahrscheinlich größeren Ausmaß? Warum wurden die Juden von so vielen Christen im Stich gelassen?
Aber trotzdem ... Christen sollten keine Schuldgefühle aufkommen lassen. Wenn andere Christen den Juden gegenüber versagt haben, sollten Sie nicht am Christentum verzweifeln. Sie sollten nicht auf den Gedanken kommen, Ihr Christsein aufzugeben. Versuchen Sie, die Wahrheit innerhalb Ihrer Tradition und innerhalb Ihres Glauben zu finden. Verändern Sie das Christentum und helfen Sie anderen, es zu verändern.

Wenn Christen über Auschwitz reden, sind sie stets in der Gefahr, dem Leiden der Juden einen Sinn, schlimmer noch, einen christologischen Sinn verleihen zu wollen.

EW: Das ist absolut falsch. Christen dürfen niemals Auschwitz christologisch interpretieren. Auch Papst Johannes Paul II. ist in dieser Gefahr. Er sagte zum Beispiel nach seinem Besuch im Konzentrationslager Mauthausen, der Holocaust sei ein Geschenk für die Menschheit. Das ist zu unsensibel. Dann müßten wir nämlich Gott für das Geschenk danken. Das geht nicht, das ist das falsche Wort. Vielleicht könnte man sagen, Auschwitz ist eine Lektion, aber niemals ein Geschenk. Später sprach ich mit Kardinal Lustiger, dem Bischof von Paris, und er sagte: »Sehen Sie, dahinter steckt ein christologisches Konzept: Der Tod Jesu wird als ein Geschenk an die Menschheit interpretiert. Und so kommt man dazu, den Tod der Juden ebenfalls als Geschenk zu sehen.« Nein, Tod ist niemals ein Geschenk. Die jüdische Tradition würde diesen

Gedanken niemals akzeptieren. Das Leben ist ein Geschenk, aber nicht der Tod.

Glauben Sie, daß man die christliche Tradition von den Spuren des Antijudaismus reinigen kann?

EW: Davon bin ich überzeugt. Der Antijudaismus ist nicht im Zentrum der christlichen Lehre verankert, aber er war in der Tradition des Christentums oft präsent. Liest man die Aussagen einiger Kirchenväter, zum Beispiel von Chrysostomos, über die Juden, dann packt einem das Grauen. Oder denken Sie an Luthers spätere antijüdische Haltung. – Aber heute gibt es viele positive Zeichen.
Auch hier wieder ein Beispiel: Ich war einmal von einer Universität in Ohio eingeladen. Sie heißt »Wittemberg University«, eine lutherische Hochschule. Es waren etwa zweitausend Studenten und Professoren anwesend. Nach meinem Vortrag verlieh mir der Präsident den Titel eines Doktors honoris causa. Er sagte. »Ich verleihe Ihnen diese Auszeichnung mit einem tiefen Gefühl des Bedauerns für Luthers Antisemitismus.« Er sagte dies öffentlich in Gegenwart aller Studenten und Lehrer. So etwas zeigt Mut und Integrität, und dafür bin ich dankbar.

Eine Frage zum Schluß: Haben Gott und Mensch eine Chance für die Zukunft?

EW: Gott ist Gott. Wenn ich dies einmal gesagt habe, habe ich alles gesagt. Danach kommt alles weitere, denn Gott ist Gott. Was aber bedeutet dies für das menschliche Schicksal? Was für die Welt? Was für den Tod? Was für das Böse? Wenn Gott überall ist, dann ist er überall. Wenn Sie an Gott glauben – wenn nicht, zolle ich Ihnen den gleichen Respekt – müssen Sie am Ende wie am Anfang sagen: Gott ist Gott.
Wir leben heute, alle von uns, in biblischen Zeiten. Alles geht so schnell. Die vielen Ereignisse der letzten Zeit haben diese

Eile noch verstärkt. Wir haben das Gefühl, daß das Jahrhundert, das, wie Hannah Arendt sagte, das grausamste Jahrhundert der überlieferten Geschichte ist, sich seiner Grausamkeiten entledigen will, seiner Haßausbrüche, seines Blutvergießens, seiner Morde. Und deshalb haben wir das Gefühl, daß unser Planet davonläuft, daß die Geschichte auf das Jahr 2000 zurast. Im Jahr 2000 wird sich alles verändern, und Sie, die junge Generation, wird für diesen Wandel verantwortlich sein.

Glauben Sie mir, ich setze viel Hoffnung auf die Schultern der jungen Generation, überall, aber auch in Deutschland. Sie müssen das Vertrauen, das ich in Sie lege, rechtfertigen. Es ist Ihr Werk.

Das Wichtigste, das wir voneinander lernen können, ist die Treue zur Wahrheit. Und daß die Wahrheit eins ist, aber es viele Wege gibt, die zu ihr führen. Ein Jude ist nicht besser als Sie, noch ist er schlechter. Er ist nicht wahrheitstreuer als Sie, noch ist er unaufrichtiger als Sie. Ein Jude ist genau wie Sie – verloren in einer Welt, in der er verzweifelt nach Sinn seines Daseins sucht. Und während wir hier sind – eine kurze Reise –, sollten wir uns gegenseitig helfen und menschlich zueinander sein, anstatt uns zu bekämpfen.

Es gibt eine wundervolle Geschichte, eine alte Legende, die ich bis zu ihren talmudischen Quellen zurückverfolgt habe: Einem König kam zu Ohren, daß ein weiser Mann in seinem Reich lebte, ein Mann, der alle Sprachen der Welt spreche. Er konnte dem Zwitschern der Vögel lauschen und ihre Lieder verstehen. Er konnte das Aussehen der Wolken deuten und ihren Sinn begreifen. Er konnte auch die Gedanken anderer Menschen lesen. Der König schickte jemanden zu ihm, um ihn in seinen Palast zu bringen. Der Weise kam.

Da sagte der König zu ihm: »Ist es wahr, daß du alle Sprachen kennst?«

»Ja, Majestät.«

»Stimmt es, daß du den Vögeln zuhören kannst und ihre Lieder erkennst?«

»Ja, Majestät.«
»Und ist es wahr, daß du die Sprache der Wolken verstehst?«
»Ja, Majestät.«
»Ist es wahr, daß du die Gedanken anderer Leute lesen kannst?«
»Ja, Majestät.«
Da sagte der König: »In meinen Händen auf dem Rücken halte ich einen Vogel. Sag mir, lebt er, oder ist er tot?«
Der Weise bekam Angst, denn er spürte, was er auch immer sagen würde, der König könnte den Vogel töten. Er blickte den König an und schwieg eine ganze Weile. Schließlich sagte er etwas, was auch ich meinen Lesern sagen möchte:
»Die Antwort, Majestät, liegt in deiner Hand.«
Sie haben nach der Zukunft gefragt. Die Antwort liegt in unseren Händen.

Leseanregungen zu Elie Wiesel

Nacht.
Originalausgabe in jiddischer Sprache: Un di Welt hot geschwign, Buenos Aires, 1956; überarbeitete und gekürzte Fassung: La Nuit, 1958); meist zusammen mit den ersten beiden Romanen (Morgengrauen, Tag) in der Trilogie: Die Nacht zu begraben, Elischa, München und Esslingen 1962, S. 17-153.
Autobiographischer Bericht Elie Wiesels über seine Zeit in den Lagern Auschwitz und Buchenwald. Grundstein aller weiteren Bücher.

Romane:

Gezeiten des Schweigens (1962), Freiburg 1987.
Wendepunkt in Wiesels Werk. Verstärkter Rückgriff auf die jüdische Tradition. Erstmals werden im Roman wieder Beziehungen und Freundschaft zwischen den Figuren möglich. Die großen Leitmotive des Werks (Schweigen, Wahnsinn, Gleichgültigkeit, Ringen mit Gott) deuten sich an.

Der Bettler von Jerusalem (1968), Frankfurt 1987.
Schwieriger und verschlungener Handlungsablauf. Charakteristisch für Wiesels experimentellen Stil: Mosaiksteinartige Zusammenfügung der einzelnen Szenen; Vergangenheit und Gegenwart durchdringen einander. Die Bettler sind Boten, Jerusalem ist die Stadt, in der sich das jüdische Schicksal spiegelt.

Der Schwur von Kolvillàg (1973), München 1987.
Die zentrale Frage, ob man die Erfahrung der Judenvernichtung überhaupt in Sprache fassen kann, wird hier narrativ verarbeitet. Im Mittelpunkt stehen die Leitmotive Schweigen und Leidenschaft für das Leben.

Der fünfte Sohn (1983), Freiburg 1985.
Die Bedeutung des Erzählens und Erinnerns im Judentum

erfahren angesichts der Schoah ihre Grenze: Die Überlebenden können ihren Kindern nicht mitteilen, was sie erleben mußten. Erfahren diese es dennoch, kommt der Gedanke der Rache auf – an den Mördern, von denen einige im Nachkriegsdeutschland wieder Karriere machten.

Der Vergessene (1989), Freiburg 1990.
Die Krankheit des Vergessens kann Individuen befallen, ebenso Kollektive. Wer ist der Träger der Erinnerung, wenn das Vergessen um sich greift?

Biblisch-talmudisch-chassidische Schriften:

Chassidische Feier (1972), Freiburg 1988.
Die großen Meister des Chassidismus, ihre Taten und Geschichten, die Legenden, die um sie ranken, werden hier auf eindrucksvolle Weise nacherzählt. Das Buch mag als Einführung in den chassidischen Zweig des Judentums gelten.

Adam oder Das Geheimnis des Anfangs (1975), Freiburg 1987.
Die biblischen Gestalten sind unsere Zeitgenossen. Ihr Schicksal, ihre Botschaft betrifft den Menschen von heute. Wiesel versucht, »über den Abgrund hinweg«, mit ihnen Kontakt aufzunehmen.

Die Weisheit des Talmud. Geschichten und Porträts (1991), Freiburg 1992.
Wer die jüdische Religion verstehen will, muß den Talmud kennen. Wiesel unternimmt eine umfangreiche Reise in die verschlungenen und faszinierenden Pfade des Talmud.

Dramen und Essays:

Der Prozeß von Schamgorod (1978), Freiburg 1987.
Eines der theologisch brisantesten Werke. Gott wird der Feindseligkeit, der Grausamkeit und der Gleichgültigkeit gegen-

über dem jüdischen Schicksal angeklagt. Wer ist gewillt, Gott zu verteidigen?

Gesang der Toten (1966), Freiburg 1987.
Früheste und wichtigste Essays und Erzählungen Wiesels. Das ganze Buch: ein Plädoyer für die Opfer von Auschwitz.

Den Frieden feiern, Freiburg 1991.
Sammlung neuerer Essays zu Erinnerung und Ethik, Frage nach dem Haß und Kampf für die Menschenrechte.

Die sechs Tage der Schöpfung und der Zerstörung. Ein Hoffnungsbuch (zusammen mit Albert H. Friedlander, 1988), Freiburg 1992.
Geschichten über die Leiden der Schoah und Vorschläge, wie die Erinnerung religiös und kulturell bewahrt werden kann – um der Zukunft willen.

Auf der Suche nach Gott

Karl-Josef Kuschel
»Vielleicht hält Gott sich einige Dichter ...«
Literarisch-theologische Porträts
Rothenfelser Reihe
1991. 416 Seiten. Kartoniert

Manchmal spielt der Zufall auch bei Dichtern einen grausamen, aber wichtigen Part: Rainer Maria Rilke hat ein Leben lang unter einer religiös pervertierten Mutter gelitten. Ohne sie hätte er nicht seine gläubig-mystische Weltdeutung gefunden. Was für seine Zeitgenossen allerdings wie blasphemische Verirrung aussah, wird heute zum Schönsten und Tiefsten gezählt, was Menschen zum Glauben führen kann.
Rilke ist wohl ein Paradebeispiel dafür, wie Karl-Josef Kuschel das Gespräch zwischen Theologie und Literatur sieht: In der Spannung zwischen Anknüpfung und Widerspruch, zwischen Entsprechung und Konfrontation. Ein Schubkästchen-Denken, das in christliche und nichtchristliche Autoren aufteilt, verbietet sich in dieser Sicht. Längst dürfte klar sein: Die Geschichte der modernen Literatur spiegelt auch das Ringen um die Gottesfrage wider – manchmal prägnanter, als es Theologen vermitteln können.
Es klingt abgedroschen, aber dieses Werk ist ein »Muß« für alle, die an den religiösen Bezügen von Gegenwartsliteratur interessiert sind.

Kirchenzeitung für das Erzbistum Mainz

Matthias-Grünewald-Verlag • Mainz

Warum das Leid und das Böse?
Theodizee in neuem Licht

Walter Groß/Karl-Josef Kuschel
»Ich schaffe Finsternis und Unheil!«
Ist Gott verantwortlich für das Übel?
1992. 236 Seiten. Kartoniert.

Der Glaube an einen liebevollen und zugleich mächtigen Gott sieht sich durch das Böse und das Leiden in der Welt, durch Ungerechtigkeit und Schuld der Menschen in Frage gestellt. In neuerer Zeit haben einige Theologen die Allmacht Gottes geleugnet und Gott selbst zum Leidenden erklärt, um Gottes Liebe verständlicher zu machen und ihn von der Verantwortung für das Böse zu befreien. Diesen und anderen Versuchen der Theodizee erteilen die beiden Tübinger Theologen mit guten Gründen eine Absage. In ihrem bedenkenswerten Buch bieten sie nicht nur Einblicke in die Geschichte des Problems, sie zeigen zugleich eine neue Perspektive, indem sie Gottes Verantwortlichkeit auch für das Leid nicht mehr bestreiten. Mit diesem exegetisch und systematisch argumentierenden Versuch stellen die Autoren die Theodizeefrage in ein neues-altes Licht.

Bücher der Gegenwart

Matthias-Grünewald-Verlag • Mainz